『資本論』の核心

純粋な資本主義を考える

佐藤　優

角川新書

はじめに――資本主義の起源について考える

体系知としての科学

本書は、読者とともに深く考えることを意図して書かれた本だ。題材として扱っているのは、宇野《うの》弘蔵《こうぞう》編『経済学』（上下二冊、角川全書、一九五六年）だ。角川全書は、大学の教科書を想定して作られた本だ。この本は、宇野弘蔵（一八九七～一九七七年）を中心とするチーム（宇野学派と呼ばれていた）による経済全般に関する優れた教科書だ。経済原論に相当する部分は、宇野と大島清（一九一三～一九九四年、元筑波大学教授）が共同執筆している。

宇野弘蔵は、マルクスの『資本論』研究の第一人者だ。しかし、『資本論』から革命の指針を見出そうとするイデオロギー過剰なマルクス主義経済学者ではなかった。宇野は、マルクス主義経済学とマルクス経済学を区別する。マルクス主義経済学は、共産主義革命を実現するという認識を導く関心の下で、革命の指針を見出そうとするイデオロギーであると宇野は考えた。宇野はこういうマルクス主義経済学を否定し、〈『資本論』をイデオロギーの書として、これを如何《いか》なる批判に対しても擁護しようというのは、これを読みもしないで排撃するのと同様に、『資本論』の偉大なる科学的業績を現代に生かすものではないと思っている。〉（宇野弘蔵『経済原論』岩波文庫、二〇一六年、四頁）と強調する。

宇野は、科学とイデオロギーは区別しなくてはならないと常に強調していた。ここでいう科学とは体系知（ドイツ語のWissenschaft）のことだ。宇野は、『資本論』を資本主義社会の内在的論理を実証主義的に解明した体系知の本ととらえたのだ。

マルクスが『資本論』で展開した科学（体系知）の方法に、『資本論』の記述が矛盾している場合（例えば、資本主義の発展とともに労働者階級が窮乏するという窮乏化法則）、その記述を改め、純粋な資本主義の運動を記述した「原理論」に再編する必要があると考えた。そして自ら『経済原論』を二度上梓《じょうし》し（旧版上巻一九五〇年、下巻一九五二年、新版一九六四年、いずれも岩波書店）、「原理論」の分野で多くの業績を残した。角川全書の『経済学』における経済原論に関する記述は、旧版『経済原論』の内容をコンパクトにしたものになっている。

企業が業績を上げても、労働者の賃金上昇には直接つながらない

宇野は、マルクスには、二つの魂があると考える。一つ目は、観察者として、資本主義の内在的論理を解明しようとする魂だ。それは、マルクスの主著『資本論』に端的に現れている。ただし、マルクスには、共産主義社会を実現しようとする二つ目の魂がある。『資本論』にも革命家としてのマルクスのイデオロギーが混在するが故に、論理が崩れている部分がある。そのような部分については、イデオロギーよりも論理を重視して宇野は『資本論』を原理論として純化した。

宇野によれば、経済学の原理とは、〈資本家的商品経済が、あたかも永久的に繰り返すかの如くにして展開する諸法則を明らかにする〉（同書、二四五頁）ことなのである。ここで鍵《かぎ》になる出来事が労働力の商品化だ。労働力の商品化が生産様式を支配するようになると、資本主義は、好況と恐慌を繰り返し、「あたかも永久的に繰り返すかの如」きシステムとなるのである。

宇野は、〈資本家と労働者と土地所有者との三階級からなる純粋の資本主義社会を想定して、そこに資本家的商品経済を支配する法則を、その特有なる機構と共に明らかにする

経済学の原理が展開される。いわゆる経済原論をなすわけである。〉（同書、二〇頁）と述べている。資本主義システムは、搾取する者と搾取される者という階級関係を必然的に包摂する。しかし、自由な市場で労働力商品を賃金に交換するという形態を取るので、この交換の中に階級関係が隠されている仕組みがよく見えない。宇野は、搾取の構造について、〈資本にとっては、労働は無産労働者の労働として、商品形態をもって購入した労働力の資本のもとにおける消費としての労働である。したがって賃銀は、労働賃銀の形態をとるにしても、決して労働に対する報酬としての所得ではなく、労働力商品の代価にすぎない。賃銀は資本――利潤に対応する所得をなすものではない。〉（同書、二四二頁）と述べた。

原理論では、賃金は生産段階で決まる。賃金を対価に購入した労働力を資本家が最大限に活用して利潤を上げても、それが労働者に分配されることにはならない。分配は、資本家と地主、異なる部門の資本家の間でなされるもので、労働者には関係ない。従って、企業がいくら業績を上げても、それが労働者の賃金上昇に直接つながることはない。

『経済原論』の結論部で宇野は、〈社会主義の必然性は、社会主義運動の実践自身にあるのであって、資本主義社会の運動法則を解明する経済学が直接に規定しうることではない。〉（同書、二四五～二四六頁）と強調する。私の場合、宇野経済学と真摯に取り組み、特に『資本論』を原理論に純化するというアプローチが正しいと思うようになった後は、『資本論』の論理を基本的に承認しながらキリスト教徒であることに矛盾を感じなくなった。

資本主義社会の構造は、宇野流に『資本論』を読み解くことによって客観的に解明できる。ただし、そのことから資本主義体制を打倒する革命運動に加わらなくてはならないという結論が導き出されるわけではない。もちろん、「こんな社会で生きるのは嫌だ」と革命を志向する人もいるだろう。他方、「利潤を生み出す源泉は労働力しかないのだから、人材派遣会社を経営して、他人の労働力を徹底的に搾取して金持ちになる」という処方箋を『資本論』から見出すことも可能になる。

資本主義は外部からのきっかけによって崩れる

宇野経済学に関して、私の関心は二つある。第一は、宇野原理論によって、資本主義社会の内在的論理をとらえることだ。この作業を私は『いま生きる「資本論」』(新潮社)、『資本主義の極意』(NHK出版新書)、『いま生きる階級論』(新潮社)などの著作によって行った。

第二の関心は、宇野が原理論の外部としている国家やイデオロギーなどの諸要素について検討することだ。実はこの作業を『帝国の時代をどう生きるか』（角川新書）で行ったが、読者からは「内容が難しすぎる」という反応が多かった。

同書で私が述べたかったことを、別の言葉で簡潔に言い換えると次のようになる。

現実に存在する資本主義は純粋なものではない。宇野は資本主義の純粋化傾向は、一九世紀末には止まり、国家が経済に積極的に介入する帝国主義の時代が到来したと考えた。〈資本主義は十九世紀七十年代以後漸次にいわゆる金融資本の時代を展開し、多かれ少かれ旧来の小生産者的社会層を残存せしめつつ益々発展することになったのであって、もはや単純に経済学の原理に想定されるような純粋の資本主義社会を実現する方向に進みつつあるものとはいえなくなったのである。すなわち経済学は、ここにおいて原理のほかに原理を基準としながら資本主義の歴史的発展過程を段階論的に解明する、特殊の研究を必要とすることになるのであった。〉（前掲書、一八～一九頁）。そして、歴史的発展とともに経済政策が重商主義、自由主義、帝国主義と質的に異なる位相で発展するという段階論を唱えた。さらに現実に存在する資本主義を分析するには、原理論、段階論の考察に、政治勢力や労働運動の状況、国際関係などを加味した現状分析を行わなくてはならないと考えた。

原理論・段階論・現状分析という三段階論で、重層的に資本主義を分析する体系知としての経済学を確立する必要があると宇野は説いた。段階論については、国家の経済に対する政策で特徴が顕著になるので、国家論と言い換えた方がいいと現在、私は考えている。

いずれにせよ、資本主義社会という表面上、自由と平等な交換の上で築かれた階級社会を克服することは容易でない。ソ連社会は、労働力の商品化を解消したが、国家の暴力を背景に、すべての人々を強制労働に就かせるという監獄型社会を作り出してしまった。私は、ソ連末期にモスクワに住み、ソ連崩壊を実体験した。現実に存在したソ連型社会主義が失敗した理由は、人間が自らの力によって、理想的な社会を構築することができるという原罪観を欠いた楽観的なヒューマニズムの故と考えている。勿論《もちろん》、資本主義が人間にとって理想的なシステムとは思わない。しかし、それに替わるシステムをわれわれは見出すことができていない。ソ連型社会主義やイスラーム原理主義よりは、資本主義の方がまだましと思う。

資本主義に替わるシステムを想像する際に重要なのは、資本主義の起源について考えることだ。資本主義は、イギリスのエンクロージャ（囲い込み）運動という、外部からの契機によって生まれた。論理的に考えるならば、与件が変化すれば、資本主義を超克することは可能である。

マルクス主義者の間違いは、システムの転換が内部から可能であると考えたことだ。資本主義は、キリスト教の千年王国が説くように外部からのきっかけによって崩れると私は考えている。それだから、人間を疎外するシステムである資本主義に振り回されないように細心の注意を払いつつ、いつか千年王国が到来することを私たちは「急ぎつつ、待つ」という態度をとらなくてはならないと思っている。

本書『『資本論』の核心』を注意深く読んでいただければ「急ぎつつ、待つ」という考えを私が取るようになった理論的背景を理解していただけると思う。

二〇一六年七月二〇日　曙橋（東京都新宿区）にて

佐藤　優

目次

第二部　資本主義の形成

第三部　国家の介入

序章　マルクスを読まねばならない

保守主義は各国の文化に裏付けられている

安倍《あべ》政権の政治哲学は、二つの主義から成り立つ。一つが新自由主義で、もう一つが保守主義である。自民党の伝統的保守主義は、日米同盟を基本に戦後民主主義的価値を尊重し、しかも累進課税制と公共事業を通じた公平配分を重視する社会民主主義的要素をもっていたのに対し、「戦後レジームからの脱却」を強調する安倍政権の保守主義には差異があるので、新保守主義と名づけてもよいのであるが、アメリカのネオコン（新保守主義もしくは新保守主義者）との混乱を避けるためにあえて新保守主義の名称を避ける。ちなみに保守主義は、首尾一貫した体系を擁する思想ではない。所与の時点での国家の現実的生き残りという視座から、過去の歴史的事象（その中には実証的裏付けを得られない不確かな出来事も含まれる）や神話から、断片的事象を取りあげ、点と点を線でつないで物語を作っていくという傾向がある。現実政治で有効性を発揮する、いわば生きている保守主義は全て何らかの意味で「新しい」。従って、新保守主義なのである。

アメリカにおいて、新自由主義が新保守主義と結婚している。このことから、新自由主義と新保守主義が親和的であると一般化することは大きな誤りだ。保守主義は、各国の文化に裏付けられている。例えばドイツの保守主義ならばゲルマン法や血と土の神話に結びつきやすいし、ロシアの保守主義ならば、ヨーロッパとアジアにまたがるユーラシア国家であるロシアには独自の発展法則があるとするユーラシア主義と結びつきやすい。日本の保守主義の場合、皇統と神道に絡んだシンボル操作が必ず行われる。

アメリカの場合の保守とは、アメリカ合衆国建国時点の理念を基礎にする。イギリスの植民地支配から自由になり、一人一人のアメリカ人が国家に頼らずに、自助努力で西部を開拓していくという理念である。更に、ヨーロッパやロシアでは、保守主義は啓蒙《けいもう》主義を克服する過程で生まれてきた。従って、ロマン主義と親和的である。アメリカ人にはこのロマン主義が皮膚感覚として理解できないのである。いずれにせよ、自由というアメリカにおける保守理念が新自由主義と親和的であることは当たり前のことだ。

もっとも究極的にはアメリカにおいても新自由主義と新保守主義は対立する。理念的に新自由主義が追求するのは規制緩和ではなく、無規制であり、「小さな政府」ではなく無政府だからだ。これに対して、政府をもった国家を想定しない新保守主義は存在しないからである。

ここまで読んでいただいた読者にはおわかりのことと思うが、日本において保守主義に基づく復古的改革路線は、アメリカ発の新自由主義とは相容《あいい》れないのである。新自由主義（ネオリベラリズム、Neo-liberalism）には、新（neo）という接頭辞がつくが、理論的には新しい現象ではない。一九世紀の半ば頃、当時、最強国であったイギリスで出現した純粋な資本主義の反復である。

保守主義に基づく復古的改革、あるいは少し古い用語で言うところの維新を行うためには、新自由主義路線と訣別《けつべつ》しなくてはならないのである。

自由主義は、基本的に知的操作を必要としない

筆者は、小泉《こいずみ》政権は、基本的に新自由主義に軸足を置いていたと理解している。新自由主義を含む自由主義は、思想の中で特別な位置を占めている。保守主義、ロマン主義、マルクス主義、金日成《キムイルソン》主義などの主義がつく思想は、知的操作によって人間の表象能力を刺激して、何らかの思想を構築する。これに対して、自由主義は、基本的に知的操作を必要としない。自由主義は主体が何らかの行為を行う際に障害となる要素を除去する作業しか必要としない。新自由主義もその方法を継承している。この点について、ヘーゲル研究者である長谷川宏《はせがわひろし》氏（哲学者）と岩崎稔《いわさきみのる》氏（東京外国語大学大学院教授）のやりとりが興味深いので紹介する。

〈**岩崎**　ネオリベラリズムが何なのか、全体としてそれをとらえることが切実な課題、「哲学の欲求」だと思っています。ここ二〇年くらいの中であからさまな形で支配的言説になってきたにもかかわらず、日本では議論がかなり立ち後れていて、最近ようやく問題化されてきたのですが、それでも「格差社会」といったような陳腐で一面的な言い方になってしまっています。ですから新自由主義という一つのシステムやメカ

ニズムをそれこそヘーゲル的に丸ごと把握する＝概念化する begreifen ような作業が凄く立ち後れている気がしていまして、そういう目前の具体的なある力や具体的な姿勢に対してどのように対応するべきかということは、イェーナ時代のヘーゲルの表現を借りれば、新しい「哲学の欲求」なのかもしれません。

長谷川　コロニアリズム（佐藤《さとう》註《ちゅう》・植民地主義）について言えば、「自己意識」論がレイシズム（佐藤註・人種主義）を含むといった話はよくわかりました。では新自由主義を begreifen するというとき、岩崎さん個人は『精神現象学』の中のどういう部分が新自由主義と鋭く交錯すると感じるのですか。

岩崎　まさに「否定性の経験」と言ってもよいのかもしれません。それこそ『精神現象学』のプロセスの中で、自分が真だと思いなしているものが解体していくという否定性の経験を「絶望の道程」として叙述していくわけですよね。そのときの人間たちのジタバタということが重要だと思います。反対に新自由主義の空間というのは、極力敵対性がない空間にしていくわけです。新自由主義の場合には走るべきトラックが完全に決まっていて、その中を誰がより速く走るかという世界でしかありませんから、あらかじめゲームのルールを受け容れる人間しかいられない。そのゲームのルールとは、消費行動であり、消費者でしかないという空間です。しかし、そうした他を許さないように見える空間をどうやって壊していくか、その空間が作り出すような世界像にどうやって罅を入れていくか、またそういう経験がわからなくなってしまった人に経験をどうやって取り戻させるかというふうに考えたとき、『精神現象学』の中の「絶望の道程」というのが使えないかなと思ったのです。使えないかなというよりは、私はそういうふうに読んでいけるはずだと思うんですね。

長谷川 なるほど。〉（長谷川宏／岩崎稔「討議『精神現象学』再読――時代の概念的把握のために」『現代思想七月臨時増刊号 総特集ヘーゲル――『精神現象学』二〇〇年の転回』青土社、二〇〇七年）

哲学者特有の難しい言い回しをしているので、平易な言葉に置き換えてみよう。新自由主義の空間は、各人が消費という舞台で競争する世界だ。この競争に邪魔になる要素がすべて除去された「きれいな空間」を新自由主義は求めるのである。ここで、生産も消費と同じ競争の論理でとらえられる。資本家の目で見るならば、機械、原材料とともに労働力も、資本の価値増殖のため、もっと乱暴に言えば、金儲《かねもう》けのために消費されていくのである。

排除の思想

「格差社会」などというオブラートに包まれた表現がなされているが、新自由主義がもたらすのは、格差などという生やさしいものではなく、貧困そのものである。日本の現状は、「格差社会」から「貧困社会」への過渡期にあるのだ。このことについて、作家の雨宮処《あまみやか》凛《りん》氏が鋭い指摘をしている。

〈たとえば三〇代フリーターで年収一〇〇万円。夢は？と聞くと、「年収三〇〇万円になって結婚し家庭を持ちたい」と言う。そんなことが夢になってしまうのが今の現実なんです。そんなささやかな夢さえ保障できない国がおかしい。浮遊、不安定だけでなくて今の状況は貧困であって、生存ギリギリの状態なんです。〉（雨宮処凛／佐高信「戦後民主主義に希望はないのか」『週刊金曜日』二〇〇七年八月一〇・一七日合併号）

一見、豊かに見える東京においても、貧困がモザイク状に点在しているのである。続けて雨宮氏の発言に耳を傾けてみよう。

〈若年貧困層から見たこの国の風景は、都会の中にもスラムが点在しているし、まさに廃墟です。そこに閉じ込められているような感覚なのです。その中で、新自由主義であれば下の者が上に勝てる下克上が可能ではないか、ジャングルの中から弱肉でも這い上がれるんじゃないかという、ありもしない希望にすがっている人もいました。〉(同右)

新自由主義であれば、今は貧しくしていても、能力と機会さえあれば、下克上が可能で「勝ち組」に入ることができるというのは全くの詭弁《きべん》であり、幻想だ。

ここに一〇〇人の若者がいる。一〇キロメートル先の隣町に一番先に着く者が勝利者であるという条件が提示される。競技に参加する一人一人は、「勝つ」か「負ける」の可能性をもつ。ここまでは確かだ。ただし、勝利者はたった一人だけなので、くじ引きで勝敗が決められるとしても各人の期待値は一パーセントしかない。しかし、これはくじ引きではなくて、競争だ。一〇〇人のうち、一人だけが自動車をもっていて、残り九九人が徒歩ということならば、最初から自動車をもっている者が勝利することが決まっている。そして、競争で一位になった者が、賞品を総取りするのである。新自由主義とはそういうルールが展開される社会なのである。

しかし、人間の社会はもっと複雑である。駆け足は遅くても、学識が優れている者がいる。学識はなくても洞察力に優れている者がいる。駆け足が遅く、学識、洞察力の水準もあまり高くないが、人間として優しく他人から信頼される者もいる。これらの数多くの価値が複合して、しかも様々な相互作用を与えながら、人間は生活しているのである。だから ある人が「これが絶対に正しい」と考えても、そのような考えは、別の切り口から見ると正しくないことが判明したり、また、少し時間が経つと、過去に「絶対に正しい」とされていたことが、過ちとされてしまう。ある人がつかんだ「絶対に正しいこと」が次の瞬間にはもはや「絶対に正しいこと」とは言えなくなってしまうという事情をヘーゲルは「絶望の道程」と表現したのであろう。しかし、前に述べたように、新自由主義は、積極的な知的操作を必要としない「排除の思想」であるため、この環境で生息している人間の知力は急速に衰える。従って、新自由主義の真理が一面的であるという単純な事実にすら気づかなくなってしまう。絶望的状況にあるということが自覚できない、ほんとうに絶望的な状況に置かれてしまうのだ。

この状況を自覚できるようにするのが知識人の責務であると筆者は考える。知識人とは、単に学識をもつということではなく、現状を批判的にとらえることができる有識者ということだ。批判というと、日常語では「欠点や短所を指摘して否定的な判断を下すこと。非難。批難」（新潮現代国語辞典第二版）と受け止められるが、これはドイツ語のクリティーク（Kritik、ロシア語критикаもドイツ語とほぼ同じ意味）と比べると、意味内容がかなりずれている。批判とは、ある基準を立てて、そこから物事を判断、評価することである。従って、設定した基準に合致するならば、それを肯定的に受け入れることも批判の中に入る。当然のことながら、批判する人が論理で説明できる基準をもっていることと、批判する対象の物事を論理的に把握できることが批判という行為の前提になる。批判的に新自由主義を見ることが焦眉《しょうび》の課題だと筆者は考える。このような批判に優れているのが小説家だ。

マルクス経済学を保守の立場から読み直す

一九世紀に純粋な資本主義がどのような地獄絵を描いているかということを、マルクスやエンゲルスなどの社会主義者よりも、早い時期に、多くの人々にわかりやすく明らかにしたのが、例えば、チャールズ・ディケンズである。ディケンズの代表作で、一八三七〜三九年にかけて雑誌に連載された『オリヴァ・ツウィスト』の冒頭部分を見てみよう。

〈鉄の寝台にむとんじゃくに投げ掛けてあったつぎはぎ細工の掛蒲団がかすかな音をたて、若い女の蒼白い顔が枕から力なくもたげられて、弱々しい声がはっきり聞きとれぬ言葉で次のように呟いた、「子供を見てから、死なせて下さい」

外科医は顔を火の方に向けて坐り、掌《てのひら》を温めたりこすったりしていた。若い女がそう言ったとき、彼は立ち上って、寝台の枕元に近寄り、この男にしては思いがけない親切な態度で言った。

「おお、まだ死ぬなどと言ってはいけないよ」

「まあ可哀そうに、いけませんよ」と、看護婦は先刻から隅の方で、いかにも満足そうに味わっていた、緑色のガラス瓶（佐藤註・ビール）をあわててポケットにしまいこみながら口を出した。「まあ可哀そうに、先生、この人が私のように長生きして、自分の子供を十三人も生んで、二人だけ残してみんなに死なれ、その二人の子供も、私と一緒に救貧院のお世話になっているような有様でしたら、こんな風にさわぎ立てやしますまい。可哀そうに。母親になるってことが、どんなことか、考えてごらん、いい子だからね」

こんな風に、子をもった母の楽しい将来を描いてみせたけれども、それだけの効果はなかった。病人は頭を振って、片方の手を子供の方に伸ばした。

外科医は子供を女の腕に抱かせた。女は子供の額に冷たい白い唇をはげしく押しつけた。そして、両手で顔をなでて、狂ったように周囲を見まわし、身をふるわせてうしろに倒れた――そして、死んだ。彼等は女の胸や手やこめかみをこすって温めた。しかし、血は永久に止まってしまっていた。彼等は希望だとか慰めだとか話し合った。しかしそのいずれとも、ずっと前から縁がなかったのだ。〉（チャールズ・ディケンズ『オリヴァ・ツウィスト（上）』岩波文庫、一九五六年、一二～一三頁）

救貧院（workhouse）とは、貧困層を収容し、最低限の衣食住を保障したが、労働能力のある者には強制労働をさせる施設である。「こうのとりのゆりかご」（いわゆる「赤ちゃんポスト」）が設置されるようになった日本も、構造的にディケンズが描いたこの母子を生み出した今から約一八〇年前とそれほど変わらないのである。日本でも貧困問題がより深刻になると、「ネットカフェ難民」などという贅沢《ぜいたく》は許されなくなり、国家により救貧院が設けられるようになるであろう。そして、ニートやフリーターに対しては、最低限の生活を保障するから、労働能力のある者は働いてもらうという制度が生まれるかもしれない。これも一九世紀イギリスでの出来事の反復だ。

〈イングランドの南部地方では、数人の土地所有者と富裕な借地農業者とが、鳩首協議して、エリザベス救貧法の正しい解釈について、一〇個条の質問を作成し、これを当時の有名な法律家、最高弁護士スニッグ（後にジェイムズ一世の下で判事）に提出して、意見を求めた。「第九問、この教区の富裕な借地農業者の数人は、この条例の施行に伴うすべての混乱を、除去しうるような巧妙な一策を案出した。彼らはこの教区に、一つの監獄を設けることを提案する。前述の監獄に拘禁されることを欲しない貧民には、救助が拒絶されることになる。次に、もしこの教区の貧民を賃借りしたいという人があれば、その人が、貧民をわれわれから引取る最低借り賃を記して、一定期日に封書で申し込むべき旨を、近隣に広告することになっている。この策の立案者は、労働はしたくないが、労働せずに生活しうるほどの（so as to live without labour）貸地や船を入手するための財産も、信用もないという人々が、近隣の諸州には存在することを、想定している。このような人々は、教区にきわめて有利な申し出をする気になるかもしれない。あちこちで貧民が契約者の保護のもとで、死ぬようなことがあれば、罪は契約者の側にあるであろう。教区は、その貧民にたいする自己の義務を、果たしたことになるだろうから。しかし、われわれは、現行条例が、この種の思慮ある策（prudential measure）を許さないのではないか、と懸念する。だが、貴下の知っておかねばならないことは、この州と隣接諸州の残余の自由保有者たちも、われわれに加盟して、貧民の拘禁と強制労働とを許して、拘禁を拒む者には、一切の救助を受ける権利を与えないという一法案を提出するように、彼らの下院議員を促すであろうということである。これは、貧窮者が、救助を要求することを予防するであろう（will prevent persons in distress from wanting relief）とわれわれは期待する」（R・ブレーキー『最古以来の政治文献史』ロンドン、一八五五年、第二巻、八四・八五ページ）。〉（カール・マルクス『資本論　第一巻』岩波書店、向坂逸郎訳、一九六七年、九〇四頁）

貧困は犯罪に限りなく近いと見なされ、怠け者を監獄に収容して強制労働につかせよという乱暴な考え方がでてくるのは、資本主義の内在的論理を把握できていないからである。しかし、この考え方を少しだけ変化させたニート、フリーターに関する社会政策が、近未来に日本国家の側からでてくると思う。新自由主義が進行するほど、その内側にいる人々には資本主義の論理が見えなくなる。貧困は犯罪ではなく社会システムの問題である。社会システムが変化すれば、勤労意欲を失った人々にもやる気がでてくる。ただ、この問題にまで先走ることはこの時点では禁欲しておきたい。あわてて処方箋《しょほうせん》を書くよりも、現下、日本社会の病状を把握する作業の方が先行するからだ。

まずは、現在進行している新自由主義の内在的論理をとらえることに精力を集中しよう。ここで、筆者はマルクス経済学に光をあてたいと思う。資本主義の強さを解明した稀有《けう》の著作としてマルクスの『資本論』をとらえ直すのである。マルクス経済学を保守の立場から読み直すと言い換えてもいい。筆者の理解では、日本のマルクス経済学者宇野弘蔵《うのこうぞう》（元東京大学教授）の言説を再考するなかで、資本主義の強さを証明した本として『資本論』を読み解くことが可能になるのである。

第一部　『資本論』の骨格

第一章　純粋な資本主義とは何か

自壊した政権

渦中にいる政治エリートは、政争の中で自らが生き残るために政治闘争を闘っているに過ぎない。しかし、その背後には必ず論理的に解明できる構図がある。

小泉《こいずみ》政権は、軸足を新自由主義に置いた。新自由主義は、経済主体が行動する際に障害となる要素を除去する排除の思想なので、思想を構築する際に特に複雑な知的操作を必要としない。従って、政治エリートにとって新自由主義を採択することは安易な選択である。「聖域なき構造改革」というスローガンを繰り返し、ひたすら排除の論理で経済主体が自由に動いていくことができる空間を作り出せばよいからである。突き詰めていけば、新自由主義が志向するのは、「規制緩和」ではなく「無規制」、「小さな政府」ではなく「無政府状態」である。当然、このような新自由主義路線を進めれば、日本国家が内側から弱体化する。

第一次安倍《あべ》政権は、この点に危惧《きぐ》の念を抱き、保守主義に軸足を移そうとした。しかし、新自由主義から明確に路線転換をするという決断もしなかった。その結果、新自由主義と保守主義の股裂《またさ》きになって、政権が自壊したのだと筆者は見ている。安倍政権が新自由主義を理論的に正確に理解していたならば、このような事態を招来することはなかったのである。新自由主義の内在的論理を正確に理解しない限り、日本の政治情勢を正しく読むこともできない。この点からしても資本主義の内在的論理を摑《つか》むためにカール・マルクスの『資本論』を理解する必要がある。

それでは、なぜ筆者は『資本論』に直接取り組まずに、宇野弘蔵《うのこうぞう》の『経済学』（角川全書、一九五六年）を読み解くという迂回路《うかいろ》をとるのか。

その理由は、マルクスには二つの魂があり、それが錯綜《さくそう》しているために、『資本論』のテキストをそのまま読んでも資本主義の内在的論理を摑むことが難しいからである。ここで筆者が言うマルクスの二つの魂とはどういうことなのだろうか。

マルクスの二つの魂

マルクスの第一の魂は、資本主義の内在的論理を解明したいという魂である。『資本論』から導き出される結論を先に述べておこう。

〈『資本論』全三巻の理論体系は、資本主義的商品経済のもっとも簡単な、いわば極限概念たる「商品」から始まってもっとも複雑な「諸階級」の規定に終っている。前者の展開は後者の内に包摂され、後者の存立は前者を前提するというふうに、起点たる「商品」と終点たる「諸階級」とは論理的にたがいに相対応する関係にあるといってよい。かくて商品経済を基礎とする資本主義社会という特殊歴史的社会は、それ自身に存立する一体系をなす社会として、法律・政治その他の諸科学の理論を採用することなく、いわば商品・貨幣・資本の論理に従って展開する経済学の理論体系としての一般的法則性をもって解明されることになるのであった。そしてそれはまた経済学の出現以来つねに探求されてきたその原理の体系化を大体において完成したものとい

ってよいのである。〉（『経済学　下巻』三二五〜三二六頁）

資本家と労働者が対等な立場で、労働力商品を賃金に交換するという行為に階級関係が内包されているのである。労働力商品化が実現することで、人間がモノ（資本・貨幣・商品）に支配されるという構造が生まれ、それは定期的に恐慌を繰り返しながら、永続するのである。このようなシステムとしての資本主義は自立している。

マルクスの第二の魂は、人間が疎外された資本主義を止揚するために革命を起こし、共産主義社会（アソシエーション）を作ろうという魂である。一般にマルクスは、革命によって、まず「各人はその能力に応じて労働し、その働きに応じて分配する」という社会主義社会を建設し、その後、生産力が発展してから、「各人はその能力に応じて労働し、その必要に応じて分配する」という共産主義社会に到達すると考えていたように見られている。

「能力に応じて働く」、「働きに応じて分配する」ということについて想像することは、そう難しくない。問題は「必要に応じて分配する」ということだろう。

これについては、都会の駅前で、消費者金融業者、パチンコ店、スポーツクラブなどが無料で配布しているティッシュペーパーを想像してみるとよい。欲しい人はティッシュを受け取り、必要としない人は受け取らない。金で商品を購入するのではなく、生活に必要な物、つまり人間の欲望を満たす物が全て必要なだけ手にはいるというのが「必要に応じて分配する」ということのイメージである。これが実現可能であるか否かは重要でない。そのようなイメージをもつことが重要なのである。

しかし、マルクスはそのような二段階発展史観はとっていない。もっともマルクスの盟友であったフリードリヒ・エンゲルスは確かにこのような二段階発展史観をとっていた。そもそもマルクスは社会主義についてはほとんど語っていないのである。国家が計画的に経済を管理するシステムは恐らくマルクスの想定にはなかったと思う（エンゲルスにはこのような国家社会主義［ステート・ソーシャリズム］的発想があった）。

マルクスが実際にどのような共産主義観をもっていたかということとは関係なく、マルクス主義者は『資本論』を革命の書として読み解いた。この観点で最も重要なのはスターリン時代にマルクス・レーニン主義の教科書として、マルクス主義者に大きな影響を与えたソ連科学アカデミー経済学研究所作成の『政治経済学教科書《Политическая экономия（учебник）》』（モスクワ、一九五四年）である。邦訳は『経済学教科書』となっているが、原題が『政治経済学（教科書）』となっていることからも明らかなように、政治分野にも広く踏み込んだ記述がなされている。ここで『資本論』の意義は次のように整理されている。

〈マルクスとエンゲルスの経済学説は、資本主義の崩壊とプロレタリア革命の勝利とがさけられないこと、この革命が、労働者階級の独裁をうちたて、社会主義社会の建設の時代というあたらしい時代をひらくことを、ふかく、全面的に基礎づけたものである。〉（ソ同盟科学院経済学研究所著／マルクス・レーニン主義普及協会訳『経済学教科書　第二分冊』合同新書、一九五五年、五二二頁）

経済も人間の行動であるからには、背景には魂がある

宇野弘蔵は、このうち、マルクスの第二の魂を、とりあえず括弧に入れて、留保し、第一の魂の内在的論理に即して『資本論』を読み解いたのである。ちなみに『経済学』は、宇野弘蔵の単著ではなく、〈第一部（佐藤註《さとうちゅう》・資本主義の発達と構造）は、主として東京教育大学の大島清氏と私（佐藤註・宇野弘蔵）、第二部（佐藤註・経済学説の発展）は、東京大

学教養学部の玉野井芳郎《たまのいよしろう》氏、第三部（佐藤註・日本資本主義の諸問題）は、東京大学社会科学研究所の大内力氏が担当して執筆し、全体にわたって私が調整した〉（『経済学　上巻』三頁）共同研究であるが、執筆担当者の宇野弘蔵との言説の差異については特に配慮しない。角川全書版『経済学』が成立した時点で、宇野学派の基本的稜線《りょうせん》がテキストに表れた言説によって明らかになっていると考えるからだ。

論点を先取りすると、後に玉野井芳郎は、マルクス経済学から近代経済学に研究対象を移し、特にカール・ポランニーの経済人類学に接近した。筆者は、この玉野井の軌跡に宇野経済学を現代に甦《よみがえ》らせることができるヒントがあると考える。

マルクス主義者から、「マルクスに二つの魂があるなどというのはケシカラン。マルクスにおいて理論と実践は弁証法的に結合している」という批判がなされることは十分予想しているが、「理論と実践の弁証法的統一」とか「理論と実践の有機的結合」という言葉を、それ以上の思考を停止させる「魔法の接着剤」として使用するべきではない。「弁証法を用いれば、あたかも永遠に続くように見える資本主義に裂け目があり、そこから共産主義革命への道が拓《ひら》かれる」であるとか、「共産主義的実践に従事しないと認識における偏見を除去できないので、理論と実践は分離することができない有機的構成をとっている」という論点について、論理的な説明を行わなくてはならないのだが、ほとんどのマルクス主義者が書いた書物は「魔法の接着剤」を用いることで、本質的議論を避けている。もちろんジェルジ・ルカーチ（故人、ハンガリーのマルクス主義哲学者）、廣松渉《ひろまつわたる》（故人、元東京大学教養学部教授）をはじめとする優れたマルクス主義哲学者が「理論と実践の弁証法的統一」について真摯《しんし》な知的営為を行ったことは理解しているつもりだ。それでも、それらの言説に筆者は納得していないのである。

ルカーチにしても廣松にしても、そもそも人間の魂が一つしかないと考えているところに根本的問題がある。筆者には沖縄の血が入っているが、沖縄では、一人の人間に複数の魂があるという。この関連で、作家で臨済宗福聚《ふくじゅう》寺住職の玄侑宗久《げんゆうそうきゅう》氏が興味深いことを述べている。

〈だいたい、魂が一つしかないということ自体、西洋的な見方にすぎない。ユングもその見方はむしろ世界の少数派だと書いている。沖縄では一人の人間に魂は六つ、ラオスに行けばなんと魂は三十二あるという。なぜ三十二なのかは皆目分からないが、それほどあると、なんだか「ゆとり」を感じてしまう。

以前、沖縄でユタの人に見てもらったとき、「あらっ、あなた（魂を）一つ落としているわ」と言われた。そして「高い木から落ちたことがなかったか」と訊かれた。そういえば、私は京都の禅の専門道場での修行時代に、栗の木の枝おろしをやっている最中に、七メートルほど落ちたことがあった。「落ちました」と答えると、「じゃ、住所を書いて」。私が書いた住所の紙にユタは手を当て「ここよ、ここに魂がある」と言う。呼び戻す儀式をしてもらうと、本当に海の向こうから何かが飛んでくる感じがした。その後、痛かった腰が治ったり、確かに体調が良くなった。この体験を科学的に説明しようとすれば、精神的な暗示とかなにかあるのだろうが、それよりも素直に魂が戻ったと考えた方が楽しい。

要するに、土地土地によって、魂のことを語るレトリックがあり、その土地ではその土地に根ざした真理があるのだろう。真理は一つではないと思いたい。

現代の日本人は、「真理は一つだ」という言葉にあまりにも弱い。

真理は一つ、個性は一つ、魂は一つ。商売の仕方ですら一つに統一しようというグローバライゼーションが進行中だ。なんでも一つのものに収斂させたいと、現代人は考えがちだ。

だが、ことによると、魂は六個かもしれないし、三十二個かもしれないのだ。そう考えた方が人生は豊かになるのではないか。宗教者としては、その豊かさの方を尊びたい。〉（玄侑宗久「江原啓之ブームに喝《カツ》！」『文藝春秋』二〇〇七年五月号）

筆者が沖縄の友人に魂の数について聞いてみたところ、ある人は二つと言い、別の人は六つと言う。七つと言う人もいる。いずれにせよ複数であることは間違いない。沖縄方言で魂を「マブイ」と言うが、加藤正春《かとうまさはる》によると〈人はふつう複数のマブイをもち、これは後頭部や肩、胸などにやどるとされる。奄美では、マブイは白い蝶《ちょう》のような形をしているともいわれる。マブイは身体から遊離する性質をもち、急なショックをうけたり身体の不調のときなどに肉体から離脱することがある〉（『沖縄大百科事典　下巻』沖縄タイムス社、一九八三年、五二七頁）ということだ。

ギリシア語で命はプネウマ、魂はプシュケーである。プネウマとプシュケーの区別を現代人に理解可能な形で説明することは難しいのであるが、プネウマは息なので、息をすることがなくなると死んでしまうことから判断して、人間の生命の根本である。これに対してプシュケーは、人間の個性である。一人の人間に一つの命と一つの魂があるというのは、ギリシアから西欧に継承された特定の文化圏における伝統に過ぎない。一人の人間に複数の魂があるという作業仮説をとった方が人間の世界がよりリアルに見えると筆者は考える。経済も人間の行動であるのだから、その背景には魂がある。新自由主義的な経済を支える魂以外の魂が各人に潜んでいるはずなのだ。

「狭義の経済」と「広義の経済」

われわれは経済学というと、人間が金を媒介に商品（物やサービス）を購入する商品経済しか考えない。これは、産業社会以降に特有な「狭義の経済」に過ぎない。宇野弘蔵はそのことを十分認識した上で経済学について記述する。

〈広い意味での経済学は、われわれの社会生活の物質的基礎をなす生活資料の生産・分配の仕方を研究するものといってよい。〉（『経済学　上巻』一五頁）

「広い意味での経済学（広義の経済学）」があるということは「狭い意味での経済学（狭義の経済学）」が存在するということだ。「狭義の経済」とは、われわれが日常的に行う経済行為の大部分である商品経済を指す。これに対して、「広義の経済」には、商品経済以外の要因が含まれる。例えば、人間の間の相互扶助である。もらい物をしたときの近所へのお裾分《すそわ》けや御中元、御歳暮などは、このような相互扶助の変形なのであろう。また、結婚式の御祝儀、葬式の御香典も商品経済の論理では説明できない相互扶助の要素がある。更に富裕者による人々への贈与も「広義の経済」に含まれる。

学問としての経済学は、「狭義の経済学」についてのみ可能であると宇野は考える。宇野は学問と科学を同じ意味内容としてとらえるが、この背景にはドイツの学術観がある。ドイツ語のヴィッセンシャフト（Wissenschaft）の日本語訳に科学、学問を充てるが、この意味は個別的な知（Wissen）が集まって、論理連関をもつ体系知になるという含みがある。断片的な情報や知的活動では学問は構成されないのである。

文化人類学（民族学）的知見を援用するならば、「広義の経済」についても贈与や相互扶助の内在的論理を解明することはあるいは可能かもしれない。しかし、宇野にはそのような問題意識はない。「狭義の経済」つまり商品経済の内在的論理を解明することに宇野の問題意識が限定されているからである。その場合、贈与や相互扶助のような「広義の経済」はとりあえず括弧の中に入れられて、考察の対象外になる。

〈経済学が特殊の学問として発展してきたのは、物質的生活資料の生産・分配の仕方が、そういう経済外の強制から解放された形で、いわば純経済的な形態でおこなわれ、その範囲をいちじるしく拡大してきた資本主義社会においてである。また実際そういう社会においてはじめて経済の仕方が、経済学的に問題とせられることになったのである。

しかし資本主義社会においてその経済過程が純経済的な形態でおこなわれるというのは、この社会の基本的社会関係をなす資本家と労働者との関係が、商品形態をとおして結ばれるということにほかならない。〉（同書、一六頁）

歴史的に出現した事象を、当時の歴史的条件の中で見る

ここで、宇野はマルクスが『資本論』でとった方法をより先鋭化させる。一八世紀末から一九世紀半ばにかけてのイギリス資本主義を典型に理論的純化を試みるのである。そして、この純粋資本主義の理論を『原理論』と名づける。

〈現実の資本主義社会はけっして原理論に展開されるような純粋の資本主義社会を実現するものではない。科学的論証は、現実に基礎をおいたものでなければならないといっても、純粋の資本主義社会は単に与えられたる資本主義社会から抽象して得られるものではない。その対象が任意に採用されたり、その抽象の基準が勝手に樹てられたのでは、純粋にはならない。一九世紀中葉のイギリスにおいて、実現せられた資本主義社会が原理論の基礎をなすというのは、それまでの発展が旧社会関係を排除しつつ純粋化の傾向をとっていたからである。のちに明らかにするように経済学は、イギリスにおける資本主義の発展のそういう具体的過程に応じてその理論体系を完成して来たのであった。この点を無視して、たとえば一九世紀末のドイツの資本主義的発展や、あるいはまた現在のいずれかの国の資本主義の諸関係を、いかに分析し、抽象したとしても、そこからただちに体系的な理論を展開するということはけっして容易なことではない。マルクスによって与えられた原理論の体系化を理解しない経済学者の理論が、理論のない歴史主義に陥ったり、また逆に歴史のない抽象的規定に終るのは当然といわなければならない。それはまったく歴史科学としての経済学の任務を忘れたものというほかはない。〉（同書、二〇～二一頁）

宇野には一種の歴史主義があるというのが筆者の見解だ。歴史主義とは、歴史的に出現した事象を、その当時の歴史的条件の中で見ようとする方法論である。その意味で経済学（当然、「狭義の経済学」）とは、資本主義という時代を、体系知としてとらえることが可能であるという了解から出発している。そして、資本主義の内在的論理の根幹は、歴史的に現れた事象の中では純粋な資本主義に限りなく近似した一九世紀半ばのイギリス社会において現れたので、イギリス経済を対象とする研究をすれば、一見、経済学は完成するように見えるが、そうではない。資本主義の純粋化傾向はある時点で停止するのである。

〈資本主義社会がその経済関係を純粋に経済的な形態をもって処理するといっても、それはその発展の一定の段階において、しかもある程度までおこなわれたというにすぎない。しかし資本主義社会が、その一定の発展段階において、ある程度までそういう関係を自力でもって展開することになり、純経済的な形態をもって全社会の物質的生活資料の生産を、したがってまた分配を処理する方向に進展しつつあったということは、けっして軽視することのできない重要な点なのである。〉（同書、一七頁）

ここから宇野の言説に捻《ねじ》れが生じる。筆者の見解では、この捻れに宇野経済学の知的魅力がある。

第二章　価値

イギリス経済を対象とする

宇野弘蔵《うのこうぞう》は、労働力商品化を唯一の基点としてマルクスの『資本論』を読み解く。前に述べたように、マルクスには、「資本主義の内在的論理を解明したいという魂」と「人間が疎外された資本主義を止揚するために革命を起こし、共産主義社会（アソシエーション）を作ろうという魂」という二つの魂がある。『資本論』の構成が、焦点を二つもつ楕《だ》円《えん》の軌跡を描くのに対して、宇野の『経済原論』は、労働力商品化というたった一つの焦点しかもたないので、軌跡はきれいな円となる。

それでは、このような商品社会の実在は、どのようにして権利づけられるのであろうか。マックス・ウェーバーの理念型のような、頭の中で抽象された類型なのであろうか。それとも、ある時期に現実の歴史に純粋な商品社会が出現したことがあるのであろうか。宇野は一八世紀末から一九世紀半ばにかけて、イギリスに近似的な形態で純粋な資本主義が出現し、典型的に発達したと考える。

〈われわれは、資本主義の発生・発展の過程を考察するばあいにも、イギリスをもっとも典型的な国としてとることができる。少なくとも資本主義が一九世紀末以後帝国主義の段階に到達する以前においては、イギリスを例にして考えてみることが一番適当だ、ということになるのである。〉（『経済学　上巻』二八頁）

そして、宇野は『資本論』におけるマルクスの見解を踏襲し、イギリス経済を対象とする研究を行うことによって、資本主義の内在的論理を解明することが可能になるとする。

通常の経済政策は、知的操作によって市場経済に干渉することを意味するのであるが、自由主義経済政策は、他の経済政策と異なる性格を帯びた。市場経済の障害となる要素を、暴力装置に裏打ちされた国家によって排除していくのである。排除の論理であるから、そこには高度な知的操作は必要とされない（このことは現下日本で展開されている新自由主義にも共通する特徴である）。このような自由主義の中で経済学は体系知として確立されたと宇野は考える。

〈資本主義社会における商品経済の発展は、旧来の社会関係を排除し、少なくとも経済的過程では、一般に政治的権力関係を形式的なる法的関係に解消して、いわゆる自由と平等とのもとにその経済過程を、純経済的関係によって処理する社会を実現する方向に進むことになるのであった。このことはまさに経済学の研究対象を、いわば実験室的に純粋化するものといってよい。それは単に他の諸関係の内におこなわれる経済過程をわれわれの頭脳によって抽象して論ずるというものではない。一社会の全経済過程が、特有な形態をもってではあるが、体系的に組織せられうることを現実的に示すことになるのであった。われわれの頭脳は、これを観念的に再生するにすぎない。ここにわれわれは、はじめて経済学の体系を確立することになる。経済学の原理論はそういう客観的な、歴史的根拠をもっているのである。〉（同書、一八頁）

理念型を宇野は危険視した

しかし、一九世紀中葉にイギリスに純粋な資本主義社会が近似的にであれ、出現したという見方は、実証史学の立場からは支持されていない。確かに、『資本論』においてマルクスは、〈物理学者は自然過程をこういう風に観察する。すなわち、自然過程がもっとも的確な形態で、攪乱的影響によって混濁《こんだく》されることもっとも少なく、現われるばあいをとるか、あるいは可能なばあいには、実験を、過程の純粋な進行が確保される条件のもとで、行なうのである。私がこの著作で探究しなければならぬものは、資本主義的生産様式であり、これに相応する生産諸関係および交易諸関係である。その典型的な場所は、今日までのところイギリスである。これが、私の理論的展開のおもな解明になぜイギリスを用いるかの理由である。だが、ドイツの読者がパリサイの徒のようにイギリスの工業労働者や農業労働者の状態について肩をすくめ、あるいはそれと同時に、楽観的にドイツでは、ことはまだ永い間そんなに悪化はしないのだといってみずから慰めているとすれば、私は彼にこう呼びかけなければならない。De te fabula narratur!（ここで報告しているのは君のことなのだよ！）と。〉（カール・マルクス『資本論　第一巻』岩波書店、向坂逸郎訳、一九六七年、三頁）と記す。

だが、単一の傾向性をもって、資本主義がイギリスでもドイツでも進んでいるとするならば、その観測点をどちらに置いても、資本主義の法則性はつかめるはずである。マルクスが資本主義研究について、イギリスを「典型的な場所」とした理由は、もっと偶発的なものであったのではないだろうか。すなわち、マルクスがたまたまイギリスに亡命し、大英博物館（図書館）では、イギリスの資料を基礎にした研究がやりやすいからだったと筆者は考える。大英博物館の机で、資料をにらみながらマルクスは、資本家、地主、労働者の三大階級からなる、現実には存在しない資本主義社会を想定したのである。それをマックス・ウェーバーのいう理念型としても特段の問題はないはずである。しかし、宇野はウエーバーの理念型とは異なるということに強くこだわった。

このこだわりの理由はなにか。筆者の作業仮説を頭出しするならば、歴史的現実から遊離した、観念の中でのモデルを構築することに歯止めをかけない理念型では、歴史に内在している社会主義革命に向かう力を捕らえ損ねることを宇野が懸念したからである。このような認識を導く関心は、宇野が一九四八年に発表した「社会科学の客観性」という論考の以下の部分から読み取ることができる。

〈ウェーバーの理想型（佐藤註《さとうちゅう》・理念型と同義）の如くそれが客観的「法則」によることなく、単に「実在の一定の要素の思想的高昇によって獲られたものである」限り、――一定の要素がいかなる基準によるものか問題であるが、それは別として――観念的に固定する危険を免れない。「法則」に対する手段たるに過ぎないものが、たといウェーバーのいわゆる実在認識の手段としてであるにしても、「法則」から解放せられるだけでなく、自らこれに代るものとしてあらわれる危険である。〉（「社会科学の客観性」『宇野弘藏著作集　第一〇巻　資本論と社会主義』岩波書店、三八〇頁）

要するに、理念型として歴史的現実から遊離した理論を組み立てると、その理論によって、認識が拘束されて、歴史の法則を読み取ることができなくなるという警戒感を宇野はもつのである。裏返して言うならば、歴史の法則を宇野は前提としている。そして、この歴史の法則から、資本主義社会の内在的論理を全体として把握することによって（すなわち、全体を把握することができるということは、その体系の内側に埋没していては不可能なので、思考実験としてでも外側に出ることなくしてできないので）、逆説的な形で資本主義の限界を宇野は明らかにしようとしたのだ。

原理論、段階論、現状分析

宇野は、資本主義の外側に立ちながら、資本主義を観察しているのである。しかし、マルクスは、社会主義者としての魂をもっているにもかかわらず、宇野と比較すれば、資本主義のより内側に立っている。それだから、資本主義の不均等な発展がマルクスにはよく見えないのである。

〈それ自体としては、問題は、資本主義的生産の自然法則から生ずる社会的敵対関係の発展程度の高いか低いかということにあるのではない。問題として取り扱うのは、これらの法則自体であり、鉄の必然性をもって作用し、そして貫徹するこれらの傾向なのである。産業的により発達している国は、発達程度のより低い国にたいして、その国自身の未来の像を示すだけのことである。〉（『資本論　第一巻』三頁）

ここで想定されているのは、最終的に普遍的法則によって支配される、一様で、単調な資本主義像である。資本主義の内部に差異性があるならば、そこから想像力を働かして、まず、別の形の資本主義を表象し、それに更に想像力を付け加えることで、恐らく、資本主義原理を観念の上で否定した、社会主義社会やイスラーム原理主義社会を想像することも可能になるのであろう。

これに対して、資本主義が完成し、資本家、地主、労働者だけで、自律する社会が完成したと想定してみる。その場合、この世界内部の差異性は基本的に解消されることになる。その場合、どのようにして、外部に対する想像力をもつことができるのであろうか。恐らくは、神からの啓示のような、外部から超越的に働きかける力を想定しなくてはならなくなる。現実的に考えるならば、このような資本主義の完成はない。なぜならば、資本主義社会が成り立つために必要な、労働者を訓練する教育システムが、国家の存在なくしては、成立しえないからである。社会の外側に国家を想定するということを大前提に『資本論』の論理は組み立てられているからである。

宇野は、現実の歴史プロセスにおいて、資本主義が完成することはないという了解で、理論構築を行った。それゆえに、純粋な資本主義社会での資本の運動を解明した原理論、一九世紀後半に資本主義の純粋化傾向がとまり、資本主義が帝国主義に転化していったという史実から、重商主義、自由主義、帝国主義という非連続的な歴史過程として資本主義を観察する段階論、更に一九一七年のロシア社会主義革命以後、社会主義という対抗システムの要因を常に考慮しながら行われる現状分析に区分し、経済学を構築するという三段階論を宇野は提唱した。

〈ドイツ・アメリカのようなイギリスについで資本主義化した国も、イギリスと同じ過程をもって資本主義化したわけではない。しかもこれらの国々がイギリスとともに指導的な資本主義国となったのは、株式会社形式を産業に広汎に普及せしめることによってであって、もはや一九世紀中葉までのイギリスのように典型的な産業資本の時代によって原理論の展開に基礎を与える資本家的生産関係を近似的にでも純粋に実現するということはなかった。少なくとも不十分なる産業資本の発展をもって金融資本の時代に入ったのである。〉（『経済学　上巻』二二一～二二三頁）

先程引用したマルクスの「問題として取り扱うのは、これらの法則自体であり、鉄の必然性をもって作用し、そして貫徹するこれらの傾向なのである。産業的により発達している国は、発達程度のより低い国にたいして、その国自身の未来の像を示すだけのことである」という言説と、宇野の言説は真っ向から対立する。

遡行の論理構成

宇野が段階論の論拠とするのは、資本主義の純粋化傾向が停止したことによる自由主義段階から帝国主義段階への転換であるが、これは資本主義の歴史を観察した結果というよりも、ロシア革命以後の時代を基点にして、帝国主義、自由主義へと遡行《そこう》することで構築された作業仮説なのである。更に帝国主義段階の典型国をドイツに想定するが、その論理必然性も不明確である。段階論により、普遍主義的資本主義のモデルを採用できなくなり、多元的な類型論をとることになったのであるから、ドイツのみを典型国とする必然性はないはずだ。イギリス帝国主義あるいはフランス帝国主義を典型とした論理を構築することも可能であった。しかし、このような典型国を設けることにも宇野は固執した。ここにも遡行の論理構成がある。

宇野の基点はロシア革命によって社会主義体制が生まれたことだ。この革命は、レーニンによって実現された。レーニンは『帝国主義論』でドイツ帝国主義を研究し、帝国主義を、資本の巨大化による株式資本が中心となり、商品の輸出よりも資本の輸出が主流となった、資本主義の最高段階と位置づけた。

宇野は、レーニンの『帝国主義論』を読み解いてからマルクスの『資本論』に遡行したのである。理論と実践を峻別《しゅんべつ》し、社会主義的イデオロギーが経済学に混入することを厳しく戒め、あたかも資本主義は恐慌を繰り返しながら、永続する、自律的なシステムであるという体系を構築した宇野の方法論は、社会主義革命を待望する認識を導く関心によって支えられているのである。その臭いを新左翼の学生運動活動家たちは敏感に嗅《か》ぎつけ、一見、非政治的な宇野理論によって、自らの革命思想を構築しようとしたのである。

マルクス経済学者とマルクス主義経済学者は違う

これまで述べたことを頭の片隅に置きながら、宇野が『経済学』で展開した論理を追っていこう。

〈資本主義社会の基本的原理をなす商品経済は、元来他の何等かの基本的社会関係によって処理せられている社会の生産物が、たがいに交換せられるという、いわば社会と社会とのあいだに発生した関係をもって、一社会の内部的原理とするものであって、われわれの社会生活の物質基礎をなす生活資料の生産・分配の仕方としても、最初から直接的なものではない。むしろ反対である。商品は、結局は消費の対象をなす使用価値として、何等かの欲望を充足するものでなければならないものであるが、直接的にはそうでなく、他の商品との交換によって、はじめて使用価値として実現せられるという、生産物に与えられる特殊の形態をなすものである。資本主義社会は、あらゆる生産物にこの商品形態を与えるのであるが、それは生産物の生産過程自身が商品形態をもっておこなわれる、いいかえれば資本家と労働者との関係も商品関係をとおして結ばれるということになって、はじめて実現せられるのである。資本家にとっても、また直接商品の生産にあたる労働者にとっても、その生産物はみずから消費の対象をなす使用価値をなすものではない。その生産物はすでに商品としてこれを販売し、それによって得た貨幣をもって、他の資本家の下に、他の労働者によって生産された生産物を商品として購入するという関係にある。それはもはや販売されなければみずから使用価値として消費するというものではない。生産物の使用価値は、かかる商品にとっては使用価値でなければ商品として販売しえないという消極的なるものにすぎない。商品としては他の商品と同様に貨幣に実現せられなければならない価値としてあるということが、その積極的な面をなしている。特定の使用価値として生産され消費される生産物が、ここでは商品として交換されることによって使用価値として実現せられるというだけでなく、まったく逆転した関係におかれる。使用価値が目的で交換価値がその手段となるというのでなく、価値が目的で使用価値がその手段となるのである。その点は資本家的生産が価値増殖を目標とするということに端的にあらわれている。しかも生産物の商品形態は結局そういう関係において完成するのである。〉
（『経済学　上巻』一八～一九頁）

価値とは、ボールペン一本が一〇〇円、靴一足が二万五〇〇〇円、ウオトカ一本が一五〇〇円というように、商品がカネを媒介にして、商品の交換を可能とする要素である。商品の価格は基本的に市場における需要と供給の均衡点で決まる。この均衡点で表示された価格は、結果として見るならば労働時間から著しく乖離《かいり》されたところでは決まらないというのが、労働価値説の意義であると宇野は考える。

教条的なマルクス主義経済学者は、ボールペン一本が一〇〇円で、ウオトカ一本が一五〇〇円ならば、ウオトカにはボールペンの一五倍の労働時間が費やされているとするが、このような稚拙な議論を展開するから、マルクス経済学が場を失い、その失地を近代経済学が埋めていくことになったのである。

ちなみに、宇野は経済学者もしくはマルクス経済学者と自称した。古典派経済学の体系知を批判的に継承した経済学はマルクス経済学しかないのであると宇野は考えたが、資本主義イデオロギーを無意識のうちに前提とする近代経済学が知的市場に流通している以上、マルクスの体系知（科学）としての経済学理論を継承するという意味で、マルクス経済学が成立すると考えた。他方、コミンテルン（共産主義インターナショナル）や日本共産党の方針を正当化するためにイデオロギー的操作を中心に営まれる経済学という名のイデオロギー的言説を宇野はマルクス主義経済学と呼び、唾棄《だき》した。従って、宇野にとってマルクス主義経済学者という呼称は侮蔑《ぶべつ》なのである。

商品の価値はカネになること、と宇野は考えた

価値に対抗する要因が、使用価値である。使用価値とは、商品の有用性であり、それは個々の商品によって異なる。ボールペンならば文字を書くこと、靴ならば履いて歩くこと、

ウオトカならば飲んで酔うことである。マルクスは、商品の第一義的重要性は使用価値にあると考える。『資本論』の書き出しは次のようになっている。

〈資本主義的生産様式の支配的である社会の富は、「巨大なる商品集積」として現われ、個々の商品はこの富の成素《せいそ》形態として現われる。したがって、われわれの研究は商品の分析をもって始まる。

商品はまず第一に外的対象である。すなわち、その属性によって人間のなんらかの種類の欲望を充足させる一つの物である。これらの欲望の性質は、それが例えば胃《い》の腑《ふ》から出てこようと想像によるものであろうと、ことの本質を少しも変化させない。ここではまた、事物が、直接に生活手段として、すなわち、享受の対象としてであれ、あるいは迂路《うろ》をへて生産手段としてであれ、いかに人間の欲望を充足させるかも、問題となるのではない。〉（『資本論　第一巻』四五頁）

これに対して、宇野は商品の価値は第一義的に価値、すなわちカネになることと考える。マルクスは買い手（消費者）の立場から、商品を見ている。これに対し、宇野は、売り手

〈生産者〉すなわち、資本家の立場から商品を見ている。宇野の視座からは、資本家は、カネさえ儲《もう》かればいいのであるが、使用価値がないと商品は売れないから、やむをえず付与している「他人のための使用価値」であり、消極的性格を帯びているのである。

『朝日新聞』朝刊の天声人語を見てみよう。ここに「他人のための使用価値」の問題が端的に表れている。

〈秋田の「きりたんぽ鍋」には素朴な味わいがある。漫画家の東海林さだおさんはある日、鍋の材料をあれこれ購入した。だが必須とされる秋田特産の比内地鶏は、店になかった。やむなく「比外鶏」を使ったと、近刊の著書でユーモラスに書いている。

今なら比内地鶏と銘打っていても、信じられない。秋田の業者が、卵を産まなくなった廃鶏に「比内」の衣装を着せて長年出荷していた。きりたんぽ鍋のセットにも偽の鶏肉を使っていたと聞けば、湯気の向こうの笑顔も曇る。

老舗《しにせ》や特産の金看板が、相次いで墜《お》ちている。食べ物不信が募るさなか、北海道の食肉業ミートホープの社長らが警察に逮捕された。こちらは、豚や鶏を混ぜたミンチ肉を「牛肉」と偽って出荷していた。

背信行為を小紙が特報したのは、内部告発によってである。これが呼び水になったかのように、井戸の底から醜聞がわき出した。「白い恋人」に「赤福」、「比内地鶏」。内部から漏れ届いた良心の声が噓《うそ》の仮面をはがしていった。

食べ物職人の意気を懐かしむ短文が、往年の名記者、長谷川如是閑《にょぜかん》にある。ある老人の売る煮豆は絶品だった。ところが家が焼けて竈《かまど》も釜も失った。新しい設備で煮たが、味に納得がいかない。煮ては捨て、煮ては捨てて、決して売り物にはせず、ついには廃業してしまった。遠く明治の話である。

儲《もう》けにかまけてモラルを見失った現代の老舗など、顔が赤らむことだろう。あまたの醜聞に「食への信頼」を吹き飛ばされて、迎えた食欲の秋を何としよう。〉（「天声人語」『朝日新聞』二〇〇七年一〇月二五日付）

比内鶏に偽装した廃鶏肉、ミートホープ社のインチキ・ミンチ牛肉、賞味期限や消費期限を過ぎた「白い恋人」や「赤福」などの偽装表示をした商品が出回るのは、資本家にとって、商品において重要なのはカネになる価値だけで、その商品が消費者にとってどのような意味をもつかは、たかだか「他人のための使用価値」として消極的性格しか帯びていないので、バレなければ、どうでもいいことなのだ。

新自由主義政策で、市場原理主義が推し進められれば、食品の偽装表示がでてくるのも論理的必然なのだ。

第三章　資本主義の構造悪とは

「貧民問題」

歴史は反復する。

二一世紀の日本では、新自由主義的な改革の結果、格差が著しく拡大した。その結果、深刻な貧困問題が生まれている。しかし、この現象は決して、初めてのことではない。

第一次世界大戦中、この戦争による需要で、グローバリゼーションの波が日本を襲った。その結果、かつてなき好景気が訪れるとともに、格差が拡大した。ここから貧困問題が生まれた。当時、ジャーナリズムでは、「貧民問題」と呼ばれた。

日本で初のマルクス『資本論』の完訳を行ったが、政治的にはマルクス主義を否定し、右翼・保守陣営に属した高畠素之《たかばたけもとゆき》（一八八六〜一九二八年）は、貧民問題について次のように記す。

〈貧民即ち貧乏人とは如何なるものを意味するかといへば、個人の屬する社會的關係に於てその肉體的並に精神的維持發達に必要なものと認められた物資を得られないものをいふ。換言すれば、健全なる生存をなす上に於て、なくてはならない資料を得ることが出來ないものをいふ。故に生活資料なるものは時と所とによつて自ら異なるものであるからして、社會一般の生活標準に照らし、個人が生活資料を得られない時、彼を貧民と呼ぶことが出來る。この意味に於ての貧民は世界各國何れの國に於ても多數存在すべき筈で、英國の調査を一例としても豫想以上である。かくの如く多數の貧乏人が存在するといふことは、社會生活の健全なる維持及び進展に多大の障碍を來たすことが明瞭であるを以て、茲に貧民問題なるものが生じて來る。元より貧民問題の發するのは、貧民の悲慘を目前に救濟することを含むはいふまでもないが、これを一個の社會自身の問題とするところに、貧民問題の意義を生ずるのである（『救貧制

度』『救貧負擔』『貧民統計』『救貧稅』參照）。

故に貧民問題は、如何にして貧乏を根絶するか、又は豫め防止するかといふことをも含むはいふまでもない。貧乏根絶乃至防止といふ問題は、更に如何なる原因によつて貧乏が生ずるかといふ問題となる。それに關して種々の說が紛糾して居るし、また幾多の原因が複雜に働らいて貧乏は生ずる。ヘンリー・ヂォーヂによれば少數の地主が土地を占有するためだといひ、マルサスは人口が過剩なるためだといふが、思ふにかかる單一な原因ではなく複雜なものであらう。ミュンステンベルヒやフイリッポヴィッチの說明によると、これを內部的原因（疾病・浪費・產兒過多等）と外部的原因（戰爭・失業・恐慌・凶作等）とに分ち、ホランダーは過少なる賃銀と、失業及び就業不能の三者に要約してゐる。尙、ウヱッブ夫妻の發表に見ると、貧乏人の六割乃至八割は悉く外的原因、卽ち社會的原因によるものだといふ。卽ち貧民は自らの怠惰、惡癖によるのではなく、大部分は貧民の發生を防ぎ得ない社會的及び經濟的原因によるものであることが知られる。茲に於て貧民問題に對しては二個の異れる解釋が起されるのである。卽ちその一は、貧之《ママ》が斯る不可抗の原因によつて生ずるものである限り、これを防備救濟する事は不可能であるが故に、かゝる貧乏を根絶せんとすれば、先づ社會の組織を改めて貧乏を發生せしめざるやうにすべきだとなすものである。この議論は常に社會主義者によつて唱へられるところであるが、他の一は諸種の救貧政策を施し、救貧設備を完うして、可及的に貧乏を緩和せんとするものである（『救貧制度』参照）。〉（高畠素之編『社會問題辭典』新潮社、一九二五年、二二六〜二二七頁）

このような、日本の貧民問題＝貧困問題も、一九世紀の中葉に、イギリスで起きた貧困問題の反復なのである。山川均《やまかわひとし》、河上肇《かわかみはじめ》、高畠素之たちがマルクス主義に関心をもったのも、日本の貧困問題をどう解決するかという観点からだった。

革命阻止のために、国家は失業対策、社会保障を行う

貧困問題が、貧民の努力不足に起因するものでなく、資本主義システムが不可避的に生み出すものであることをマルクスは『資本論』で、見事に論証した。ここに当時の有識者たちは魅了された。山川、河上は、マルクス主義に帰依した。これに対して、高畠は、マルクスが『資本論』で説く、貧困問題が構造的に生まれるものであるということには、完全に同意したが、プロレタリア革命によって、貧困問題を解決することができるとは考え

なかった。それは、高畠が性悪説の立場から思索したからだ。人間はその本質において性悪な存在である。従って、プロレタリアートが革命によって、富を握っても、一部の連中が独り占めしようとする。従って、人間の善意を信頼して、分かち与え合うような社会主義社会は永遠にできないのである。ここから、高畠は、ドストエフスキーが小説『カラマーゾフの兄弟』で描き出した大審問型の政治を肯定するのである。国家指導部が、強権によって、国民の最低水準の生活を保障する。民衆に社会を統治する能力はない。従って、高畠は民主主義に対して忌避反応を示し、国家社会主義を提唱した。

高畠は、資本主義社会の構造悪を把握するためには、『資本論』の内容を徹底的に体得することが必要であると考えた。一方で、『資本論』の時代後れになった部分は、修正する必要があると考えた。

宇野《うの》は、『資本論』が提示するのは、純粋な資本主義の論理としての「経済原論」であるので、そもそも歴史的変化に対応するような性格のものではないとする。歴史的要因を考慮する場合には、段階論を用いる。

重商主義にはスペインが、自由主義にはイギリスが、そして帝国主義にはドイツが典型国とされた。更に一九一七年のロシア革命以降の歴史的出来事は、現状分析の課題であるとした。ロシア革命の結果、労働力の商品化が止揚された社会が地球上に生まれた。純粋な資本主義をそのまま放置し、格差が貧困に至ると、この不満を組織する職業革命家が現れる。職業革命家の指導によりプロレタリアートの反乱が起き、社会主義革命が起きてしまう。革命を阻止する、すなわち反革命の立場から、国家が資本に介入し、部分的に資本家の利益を侵害してでも、資本主義体制を維持するために、労働者階級に譲歩するのである。失業対策、社会保障などは、革命を阻止するために、国家が行う政策なのである。

一九九一年一二月にソ連は崩壊した。もはや、資本主義国家は、社会主義革命の現実を恐れていない。従って、資本主義がその本性を剝《む》き出しにした。金融資本の肥大、ＩＴ産業の発達などという現象面の変化で、資本主義の本質を見失ってはいけない。資本の本質は自己増殖だ。カネがカネを生み出していくということである。

安価な農産物輸入は賃金抑制のために求められる

ニートやフリーター問題、貧困問題も、「本人にやる気がないから」ということに解消される問題では決してない。約九〇年前に高畠が紹介した通り、「貧乏人の六割乃至八割は悉く外的原因、卽ち社會的原因によるものだといふ。卽ち貧民は自らの怠惰、惡癖によるのではなく、大部分は貧民の發生を防ぎ得ない社會的及び經濟的原因によるものである」のだ。ここから貧困問題を生み出す純粋な資本主義のメカニズムについて知ることが重要になる。

自由主義とは、特殊な主義である。何か積極的、体系的に自らの主義や計画を提示することはない。資本の自由な運動の障害となる要因を除去する「排除の思想」なのである。一九世紀半ばのイギリスでは、穀物条例を巡る論争で自由主義が徐々に勝利をおさめていくのである。

〈しかし産業資本は、その発展を阻害《そがい》する旧政策をみずから廃止するという途をひらくとともに、ようやく国家の政策の方向を決定する力を得てきたのであって、一九世紀はじめナポレオン戦争後に旧来の地主的利益を目標として、復活されていた、穀物条例の廃止をも問題とすることになったのである。

すでに述べたようにイギリスは一八世紀の後半からは、穀物をも補充的に輸入する工業国に転化しつつあったのであって、穀物関税の意義もそれとともに変化し、一九世紀はじめには一七世紀とはまったく異なったものになっていた。重商主義時代においては穀物条例による価格の騰貴は、なお穀物生産者の利益をも代表するものであったが、一九世紀のイギリスではそれは地代の増加をもたらすものとして、実質上は少数の土地所有者の利益を代表するにすぎなかった。一九世紀はじめに復活された穀物条例は、土地所有者の有力な政治的勢力によって、大陸戦争中の特別の利益を維持しようとする政策にほかならなかったのである。

元来、産業資本の利潤の基礎は前に述べたように生産過程における剰余価値にあり、賃銀はその大きさを決定するもっとも有力な要因をなしている。したがって資本家はできうるかぎり賃銀を引下げることを利益とするのであるが、賃銀の高さは穀物の価格によって決定的な影響を受ける。すでに多少とも穀物の輸入を必要としていたイギリスにおいては、穀物価格は自由に輸入しうる状態にあるほうが、輸入を制限されているより安くなるのはいうまでもない。大陸戦争と不作とによって異常な価格騰貴を示していた穀物が、戦後の低落に対して、あらたに穀物条例をもってその輸入を制限されるというのは、まったく地代の低落を阻止しようとする方策にすぎなかったのである。〉（『経済学　上巻』一一五～一一六頁）

農業は、天候や土地などの自然的条件によって生産が変化するので、そもそも資本主義に馴染《なじ》みにくい。しかし産業資本が普及することによって、労働力商品化がなされると、農業までも資本主義の論理で動かそうとする力が働いてくる。

一方においては、農業資本家によって雇われる農業労働者が誕生する。そして他方において、これまで地主の利益を反映してとられていた農産物に対する保護関税制度が撤廃され、外国の安価な農産物の輸入が歓迎されるようになる。安価な農産物を食べるのは、労働者である。そして、それによって、労働ができるようになるエネルギーを蓄える。安価な農産物の輸入によって、労働力の価格が低下することに、資本家が利益を見出したのである。

決して、このことは過去の話ではない。現下、日本においても、中国から輸入される廉価な野菜、アメリカやオーストラリアなどから輸入される廉価な食肉が、日本の労働者の賃金を引き下げる機能を果たしているのだ。従って、「食の安全」がいくら唱えられても、最終的に、中国産野菜、アメリカ製牛肉を日本は輸入することになる。賃金を少しでも抑えるために必要なのである。

しかし、純粋な資本主義の論理に従った、自由貿易の論理は、産業資本が発達したイギリスの国富増大にとっては有益だったが、後発資本主義国であるドイツやアメリカにとっては不利だった。従って、ドイツやアメリカでは、現在成長中の産業を、十分な力がつくまでは、関税によって保護すべきだという、保護主義の立場をとっている。

〈しかしイギリスにおけるこの自由貿易運動は、単にイギリス一国にとどまるべき性質のものではなかった。いうまでもなくそれは国際的に展開されなければイギリス自身にとっても十分に目的を達したとはいえない。しかし当時はなお、アメリカ・ドイツ等のいわゆる後進国においては、ようやく資本家的産業の発達を見つつあったという程度にすぎない。またこれらの国の資本家にはかならずしもただちにこの運動の国際的展開に協力しうる条件があったというわけではない。むしろ反対であった。さきに述べたロンドン商人の請願書は、そのままこれらの国々の産業資本に受け入れられるというものではなかった。アメリカから学んだフリードリッヒ・リスト（F. List）の保護関税論の主張も、そういう事情を反映したものである。〉（同書、一一七頁）

このフリードリッヒ・リストの経済学は、ナチス・ドイツの統制経済を構築する際に応用された。リストについては、ソ連や東ドイツにおいても一定の評価がなされている。国家資本主義、国家社会主義双方の原型として、リストが国民経済学という形で、イギリスの古典派経済学を批判した構造は、グローバリゼーションに対抗する国家資本主義の言説としては、現在も有効性を失っていないのである。

ここで、資本主義を一九世紀中葉のイギリスならば、自由主義、それが一九世紀後半から二〇世紀初頭になると帝国主義で、保護主義になるというような固定的な鋳型に入れて見ることは戒めなければならない。自由主義段階のイギリスにおいても、穀物条例が撤廃されるのにあれだけ時間がかかったことからも明らかなように保護主義的要素がある。また、帝国主義時代になっても、自由主義的要素もある。要は、資本は特定の型によって動くのではなく、利潤を追求して動くのである。

残存するもの

現実の経済においては、国家意志、文化など、経済合理性と摩擦を起こす経済外的要素が必ずある。従って、純粋な資本主義は、理念の中で存在するのみで、現実には存在しないのである。宇野は、自分やマルクスが想定する純粋な資本主義は、マックス・ウェーバーの理念型（Idealtypus）とは異なり、イギリスの歴史的過程から抽象されたものであるということを強調する。

〈一七世紀のイギリスに出現した資本主義は、かくして一九世紀中葉のイギリスにおける自由主義時代に、いわば自分自身の経済的な足によって立つことになり、その構造をもっとも純粋な形で実現したのであった。それは一九世紀中葉のイギリスにおいては政府自身の態度にもあらわれている。たとえば、政府は私人の事業に対しては完全に自由主義の原理をとり、鉄道事業のごときものに対しても政府の干渉は「公共の安寧」のためになされる監督にとどまるべきものとしたのであった。工場法のごときもいわゆる社会政策として採用されるものではなかった。政府の財政もできうるかぎり費用のかからない、いわゆる安価な政府（cheap government）が理想とされたのである。一七、八世紀の初期資本主義に重要な意義を有した植民地もその点から批評せられた。

要するにこれらのことは産業資本にとっては、もはや重い負担を受けながら、一部の商人資本の利益をとおしておこなわれる資本の原始的蓄積の過程が無意味となり、資本はみずからの力によってその蓄積を増進することができるようになったことを示すものなのである。〉（同書、一一八～一一九頁）

「客観的におこなわれる抽象」を、宇野は、対象を模写していくことであると繰り返し、認識にあたって構成を重視する新カント派との差異を強調する。

現実に存在する資本主義においては、一九世紀中葉のイギリスで生じた純粋な資本主義に近似する場合でも、旧来の社会的関係やイデオロギーは残存するのである。資本の目的は、自己増殖、すなわち利潤の追求であり、それが担保されるならば、社会に資本主義を促進する自由主義イデオロギーと親和的でないイデオロギーが残っていても、資本はそのことに無関心なのである。

人間が作ったモノによって、人間が支配される

小泉《こいずみ》改革以後、流行になった、小さな政府（安価な政府）も一九世紀中葉のイギリス資本主義の反復である。「政府の財政もできうるかぎり費用のかからない、いわゆる安価な政府（cheap government）が理想とされた」のは、そのような「小さな政府」によって資

本が利潤を極大化することが可能だったからである。植民地経営には「大きな政府」が必要とされる。従って、この時期、イギリスでは植民地に対する批判がなされたのだ。逆に、植民地経営によって、資本が利潤の極大化を図ることができるのならば、資本は「大きな政府」に賛成する。資本が常に「小さな政府」と親和的であるという先入観をもってはならない。資本の、行動原理は、あくまでも利潤の極大化なのである。

〈産業資本が綿工業をあらたなる主要産業としつつ確立され、その基本的イデオロギーなる自由主義が社会的に承認されるようになると、なお旧来の社会関係やイデオロギーが残存していたとしても、歴史的社会としての資本主義社会は確立したものといってよい。旧社会の残存物は、資本主義初期のように重商主義的政策によって破壊せられ、分解せられるというのでなく、資本主義の発展自身によって、あるいは廃棄され、あるいは変形されて、資本主義的なシステムの中に吸収され、一体化されてくる。資本主義はいわば自力で純粋の資本主義社会を実現する方向に発展しつつあることになるわけである。われわれがいわゆる経済原論として資本主義社会の一般的規定を法則的に把握しうるというのも、じつは資本主義のこういう傾向にのっとって、その中にその動力と機構とを明らかにしうるからにほかならない。この点は、経済学の対象をなす資本主義社会の歴史的過程の特殊の性質を示すものといってもよいであろう。経済学においては、自然科学のある部面のように直接実験的方法を採用しえないのであるが、そのかわりここでは実験装置に相当する純粋の資本主義社会がこのように対象自身によって実現される傾向を有しているのである。したがってまた一九世紀中葉のイギリスを、資本主義の典型的な社会として理論的展開の例証に使用するというマルクスの方法も——『資本論』はその序文でマルクスが述べているように、まさにその具体的な実現といってよいのであるが——実験のおこないえない自然的過程に対しては、できうるだけ攪乱的影響を受けない現象について観察するという自然科学の方法とも、じつは異なった面を有しているのである。攪乱的な影響を及ぼす旧社会の残存物は、資本主義自身が、みずから排除しつつ発展するのであって、われわれはこの傾向にのっとってそういう異質物を捨象しうるのである。原理論の抽象は、単なるわれわれの主観的な方法による抽象ではない。いわば客観的におこなわれる抽象にしたがっておこなう抽象である。歴史科学としての経済学の特殊性はこの点にある。〉（同書、一二三〜一二四頁）

労働力商品化によって、資本主義システムが完成すると、それによって商品経済のイデオロギーが社会全体を蔽《おお》うことになる。平たく言うとカネでモノやサービスを購入することが当たり前のように思えるのである。それと同時に、賃金労働者が社会の圧倒的大多数になる。表面上、自由で平等な、労働力と賃金の交換の中に階級的な支配関係が埋め込まれていることが、常識的商品経済のイデオロギーを批判的にとらえない限り、被支配階級である労働者にも支配階級である資本家にも見えないのである。

〈この傾向（佐藤註《さとうちゅう》・イギリスにおいて資本主義が純化する傾向にあったこと）はけっして純粋の資本主義社会を実現するという極点に到達するものではない。典型的な資本主義社会としての一九世紀中葉のイギリスも、そういう純粋な資本主義社会にもっとも近接したものとしてそうであるにすぎない。一七、八世紀にはじまる資本主義は、当然その終末を予想せられうる歴史的過程にほかならないし、さらにまたけっして旧来の社会的関係を完全に一掃するものではなく、資本主義発展の実際的動力をなす対外関係を排除するものではなかった。産業革命による資本主義の確立自身も複雑なる

歴史的過程のうちに実現せられたのである。〉（同書、一二五頁）

労働力の商品化は、イギリスにおける偶然の要因から起こった。その結果、社会の一部に存在していた商品経済が社会全体に浸透し、人間が作ったモノによって、人間が支配されるという疎外が生じたのである。

『資本論』においては、このような商品経済が社会全体を蔽っているという前提で議論が展開されている。しかし、実際の資本主義は、もっとも資本主義が純化した、一九世紀中葉を含め、旧来の社会的関係を残すとともに、資本主義的原理が浸透していない外国（外部）をもつのである。この旧来の社会的関係、あるいは文化を異にする外国から資本主義を眺めることによっても、資本主義が特殊な現象であるということを想像する機会が得られるのである。

第二部　資本主義の形成

第四章　純粋な資本主義の下での商品

労働力商品という超越性

資本主義は、古代から存在した。マルクスが『資本論』で説いているように、共同体と共同体の間で交換が行われるならば、そこから必然的に商品が生まれる。商品が直接他の商品と交換されるという物物交換は、商品経済が社会全体を蔽《おお》うようになったシステムを解明するために「後知恵」で考案されたものだ。物事の起源を探る系譜学は常に後知恵の世界なので、このこと自体は珍しい話ではない。

ただ重要なことは、『資本論』第一巻の冒頭で記されている商品の性格を正確に読み取っておくことである。

〈第一篇　商品と貨幣
第一章　商品
第一節　商品の二要素　使用価値と価値（価値実体、価値の大いさ）
資本主義的生産様式の支配的である社会の富は、「巨大なる商品集積」として現われ、個々の商品はこの富の成素《せいそ》形態として現われる。したがって、われわれの研究は商品の分析をもって始まる。〉（カール・マルクス『資本論　第一巻』岩波書店、向坂逸郎訳、一九六七年、四五頁）

ここに出てくる商品は、古代や中世に存在した商品ではない。また、かつて社会主義体制をとっていたソ連や東欧諸国に存在した商品でもない。労働力が商品化され、社会システム全体が商品によって支配されている純粋な資本主義社会を想定しているのである。『資本論』の冒頭で書かれている商品をこのように資本主義社会から抽出されたと考えるところに宇野《うの》の特徴がある（なお、ここで詳しく述べるには、紙幅が足りないので、論点を提示するだけにとどめるが、『資本論』第三巻における生産価格と整合性をもって『資本論』第一巻の商品を理解するために、宇野はこのような想定を行ったのである。そうなると、例えば「二〇エレのリンネルは一着の上着に値する」といった場合、両者の背後に共通の労働時間があるというマルクス主義経済学者の想定は間違っていることになる。宇野のモデルは、むしろ市場による価値決定を重視する近代経済学の系譜における新古典派一般均衡モデルに近いのだと思う。むしろ、商品の価値は、その背後にある社会的労働時間から著しく乖離《かいり》することはないということを主張しているのだ）。

さて、労働力商品という概念自体が実は超越性をはらんでいる。労働力商品の価値は、労働者が次の労働日に働くことができるエネルギーを蓄えるための欲望、具体的には、住宅を借りる、食事をとる、服を着る、本を読む、映画を観る、などによって満たされる欲望の商品購入によって規定される。商品になっているから貨幣による計算が可能となる。

しかし、このような商品やサービスは、労働力商品化がなされていないと生まれない。労働力商品の価値は、労働力が商品化されたことを前提にしてあらわれる労働力商品以外の商品の価値の総計価値によって規定されるのである。これは同語反復（トートロジー）命題である。従って、証明不能だ。言い換えるならば、労働力商品という概念を信じるか信じないかという超越性が『資本論』の冒頭で問われているのである。この労働力商品という超越性（信仰）を共有する人々がマルクス経済学者なのである。

宇野は、この超越性、すなわち労働力商品化が何故に生じたかについて、歴史から読み解こうとする。

宇野の方法はヨーロッパ中心主義

現在の実証史学専門家の視点からすると、資本主義が重商主義、自由主義、帝国主義という段階を経て、更に社会主義体制が存立すると、革命の阻止という立場から国家が経済過程に介入するという国家独占資本主義に至ったという見方は、到底支持できない。

また、自由主義的資本主義の典型国としてイギリスを、帝国主義的資本主義の典型国としてドイツを想定するという宇野段階論の方法も、恣意《しい》的であるという批判を免れない。

宇野の方法は、ヨーロッパ中心主義で、アジア、中南米、アフリカ、中東などは、帝国主義本国が収奪を展開する客体としてしかとらえられていない。このような宇野の方法論は、カルチュラルスタディーズ、ポストコロニアリズムの論客から見れば、考察に値しない無意味なもののように映るであろう。しかし、筆者の見解では、宇野のこのような徹底的なヨーロッパ中心主義が重要なのである。

そもそも学問（体系知）はヨーロッパの知的伝統が作り出したものである。学問の言葉で歴史について語るならば、ヨーロッパの知的用語で語るしかないのである。そのような主流の言説が、権力をもった、強い者の視座にしか立てないことは当たり前だ。重要なのは、そのような視座に立っているということを知的営為に従事する者が自覚していることである。

宇野経済学のように力をもつ者の視座による主流の言説の提示があって、その視座からは見えない現象について語ることがカルチュラルスタディーズやポストコロニアリズムの機能なのである。カルチュラルスタディーズやポストコロニアリズムが、世界を語ることができるという発想自体が完全なカテゴリー違いである。

これから宇野とともに労働力の商品化が生じた過程を探究する歴史巡りを行う。繰り返すが、ここで展開される歴史は、宇野経済学を正当化するための「物語」としての歴史である。もちろん、歴史的に存在しなかった虚偽を事実であると強弁するようなことを宇野はしない。しかし、個々の史実の重要性に対する評価、史実と史実のつなぎ方について宇野が行う解釈は、恐らく、実証史学専門家からは、支持されないようなものがほとんどであるだろう。しかし、それでいいのである。ここで探究するのは労働力商品が、経済システムの外部から発生したことの確認であり、それがわれわれの認識を導く関心である。

ずっと先にだすべき結論を先取りするならば、資本主義が経済システムの内部から必然的に生まれたものであるならば、その超克は極めて難しいのであるが、資本主義が外部から生まれたならば、それを外部の力によって脱構築することが原理的に可能になるからである（ここで、細かいことになるが、ひと言「原理的に」という留保をつけたことについて説明しておく。発生の契機は外部に依存するが、一旦《いったん》システムとして成立してしまうと、外部からシステムを破壊、もしくは脱構築することができない非対称のシステムに資本主義がなっている可能性について、きちんと検討しなくてはならない。その場合、資本主義は人間が作り出した原罪が深化したものなので、われわれは終わりの日まで資本主義と付き合っていかなくてはならないということになる。しかし、資本主義システムが非対称であるか否かについては、筆者の中でもまだ結論はでていない）。

時代的制約

それでは、宇野が紡ぐ物語を見ていこう。宇野は封建制について次のように見る。

〈王自身も大きな領地と住民を支配していたが、それ以外の土地と住民は貴族や僧侶（教会）に領地として支配されていた。そしてこれらの領土はその一部分をさらに騎士に分与されていた。こうして王―貴族（諸侯）―騎士という階層身分関係（Hierarchie）が成立するのであるが、この関係は住民に対する支配を基礎とするいわゆる封土の関係と呼ばれるもので、主君は家臣に対して封地を与えるかわりに、後者は前者に対して忠誠を誓う、といった関係であった。封建制度とは、まずこのように土地の分与関係にもとづく住民の身分的な従属関係を基軸とする社会制度であるといっていい。それはヨーロッパにも日本にもひろく存在した制度である。〉（『経済学上巻』三〇頁）

残念ながら、宇野は、封建社会の重層的構造を誤解している。封建領主Bが騎士Cに封土を与え、CはBに対して忠誠を誓うという関係は確かにその通りだ。この関係だけを見ていると、封建社会の本質を見失う。

王Aが封建領主Bに封土を与え、BはAに忠誠を誓うとする。このような場合、CがA

に対して、忠誠を誓う必要があるだろうか。宇野はこの三者の間にA―B―Cという順位でヒエラルキーが成立していると考えるが、これは封建制度に対する根本的な誤解である。AとB、BとCは、それぞれ別の契約関係にあるので、CがAに忠誠を誓う必要はないのである。

宇野が考えるようなヒエラルキーは、ブルジョア（市民）革命が起きた後に、旧来の帝国や国家が、新時代に適応するために構築した絶対主義時代の社会構造である。もっとも宇野が本書を執筆した頃は、絶対主義的社会像を中世に投影した封建制理解が多かったので、これは宇野の過ちというよりも、時代的制約と考えた方がいい。

貨幣は、身分の差を超えて浸透する

領主が土地を保有していたということは、土地と共に農民（農奴）を保有していたということでもある。従って、土地保有は、この土地にできた共同体を構成する人々を支配することでもある。このような土地をイギリスではマナー（manor――宇野の表記ではマナ）、ドイツではグルントヘルシャフト（Grundherrschaft）と呼んだ。

〈マナの農民の大部分は農奴であったが、この農奴は奴隷のように主人の所有物として、主人の生産手段で労働せしめられるのではなくて、ともかく土地・家畜・農具などの生産手段をみずから所有し、みずからの責任において生活していた点において、奴隷とは区別される。けれども彼等は生れながらにして農奴としての身分に固定されており、そうした身分において人格的な束縛をうけていた、という意味では不自由人であった。〉(同書、三三頁)

この身分制を打ち破って自由な人間となるという形態で、一方において、ブルジョア(市民)が生まれ、他方においてプロレタリアート(近代賃金労働者)が生まれたのである。近代以前について、土地は神によって与えられたものなので、動産と同じように個人の所有にはならなかった。この点について宇野はきちんと目配りしている。

〈ここではいちおう所有といっておくが、今日の意味での所有とは性質がだいぶんちがう。特に土地は、農民も領主も勝手にこれを処分したり売買したりすることはできなかったのであり、こんにちの意味での所有権は農民にも領主にもなかったといわな

ければならない。〉（同書、三四頁）

農奴は領主によって収奪されていた。この収奪の構造はわかりやすい。

〈農奴は、彼の一年間の総労働時間のうち、その一部分は自分の畑で労働をし、それによって自己および家族の生活をささえている。そしてこの労働部分は、そのほか家庭工業にしたがう労働部分とともに、彼の生存のために必要な労働部分であるから、これを必要労働と名づけることができるであろう。他方、農奴はそれ以外の労働時間で、領主の畑を耕作するが、領主の生活は主としてこの農奴の労働によってささえられている。この労働部分は、そのほか領主に献納するさまざまの生産物を生産する労働時間とともに、農奴の必要労働をこえた労働部分であるから、これを剰余労働と名づけてよい。〉（同書、三五～三六頁）

このシステム自体は循環型で安定しているので、自《おの》ずから崩れるということはない。裏返していうならば、農村共同体の外部からの影響によって、共同体の解体がなされるのである。ここで都市が大きな役割を果たす。

〈このような商品経済の発達は、当然に商品交換を媒介する商業を発達せしめる。商業は、むろんはじめは行商のような形でマナからマナへと商人が遍歴することによっておこなわれたのであるが、やがて交通の要点や港湾や城下などに定着した市が開かれるようになり、それとともに商人や職人がそこに定着して都市を形成するようになった。といっても、はじめは都市も、半農業的な、マナより多少人口稠密《ちゅうみつ》な集落にすぎなかったのであるが、次第にそれはマナから職人や、逃亡した農奴やをあつめて、大きくなっていった。かかる都市の発達は、いうまでもなくその地方の富を増大せしめたのであって、王や領主もより多くの収入をここから得ることができるようになった。それゆえ王や領主はこのような都市を逆に保護し、そこに一定範囲の自治権や人格的自由を与えて、その活動を活発にするように努力した。このような中世都市は一二、三世紀になるとかなり広汎に成立し、一四世紀がその一つの頂点をなすのである。〉(同書、三八頁)

都市の商人が共同体と共同体の間を歩く。そして、商品を売り歩く。個別商人の目的は、もともともっている貨幣（G）によって商品（W）を買い、貨幣量を増大（G'）することである。このような商業活動は共同体を分解する機能を果たす。貨幣は、身分の差を超えて浸透するからだ。日本の江戸時代において、武士の下位に商人が置かれたのも、商品経済の破壊的作用があることを当時の支配エリートが自覚していたからだと思う。

更に中世では、商人や職人の同業者組合であるギルドが設けられていた。

〈かかる中世都市の市民はギルド（guild）と呼ばれる組合に組織されていた。ギルドははじめは一つの都市に一つで、商人がその中心勢力をなしていたが、次第に職人がふえるにつれて、職種別のギルド、すなわちクラフト・ギルド（craft guild）が組織されるようになった。このギルドを形成するのは親方（master）である。そして各マスターはその仕事場に数人の職人（journeyman）と徒弟（apprentice）とを使って仕事をしていた。この徒弟は、一定期間――イギリスでは普通七年――修業したのち、職人になる。そして職人はさらに数年修業をし、特にヨーロッパ大陸では、各地のマスターのあいだを巡歴して腕をみがき、さいごに試作品《マスター・ピース》をつくって合格すれば、

一人前のマスターになりうるのであった。〉（同書、三八〜三九頁）

これに加え、中世の大学もひとつのギルドであった。今日、大学や教授会が「学問の自由」を理由に広範な自治を認められているのもギルドの残滓《ざんし》なのである。

さて、ギルドは、市場で不特定多数の人々に物を売るために生産を行っていたのではない。あらかじめ顔がわかる特定の人のために注文生産を行っていたのである。従って、ギルドでは仕事場の大きさ、徒弟の数、営業時間、生産数、価格などに厳しい制限が設けられていた。〈ここでは対人的な信用がきわめて重要であり、それを維持するために厳重な制限が要求されたためでもある。が同時に、ここでは各マスターの腕と、その腕にもとづく個性が伝来的な技能の保存と発達とにとって重要だったので、こんにちのような自由競争は問題にはなりえなかった〉（同書、三九頁）のである。近代的な産業社会が成立するためには、このようなギルド的なシステムが崩れることが前提条件となった。

ペスト

一四世紀後半から封建社会は、解体過程に入っていく。まず、農奴の中で、格差が生じてきた。比較的豊かな農奴が、没落した農奴を貨幣で賃金農業労働者として働かせるようになった。その内、豊かな農奴は、労働者の管理が面倒なので、地代をとって小作をさせるようになった。こうして、土地をもたず労働力に頼る階層が出現した。これにいくつかの偶然の要因が重なって、封建社会は解体していくのである。

まず生じた偶然の出来事はペスト（黒死病）の大流行だった。

〈一四世紀のはじめ、ヨーロッパでは黒死病の大流行があり、ヨーロッパの人口は三分の一に減じたといわれるほどの死亡者をだした。このような人口のはげしい減少は、マナにとっても重大な影響を与えた。すなわち、もともと領主の力が弱く、マナの崩壊がいちじるしく進んでいた地方では、領主は賃銀高騰のため直営地の経営がだんだん困難になったので、結局それを農民のあいだに分割してしまって、みずからは単なる貨幣地代の収得者に転化したのであった。しかも農民は人口減少のためどこでも労働力が不足していたから、領主が高い地代をとろうとすれば逃亡してしまう。したがってまた領主は安い地代で我慢せざるをえないということにもなるのであった。いいかえれば農民はきわめて有利な地位にあったわけで、わずかの地代を支払うだけの自

営農民に転化していったわけである。〉（同書、四一～四二頁）

ペスト大流行の原因については諸説がある。農業生産力が向上したことによって、森林が伐採され、生態系が崩れ、ネズミが森林を追われ、人間の居住地域に大量に侵出してきた。ペストは中世初期には、ヨーロッパでは姿を消していたが、シルクロード貿易によって、中央アジアから輸入した毛皮にペスト菌を保有した蚤《のみ》がいて、そこから媒介されたという仮説がある。ペスト菌はネズミ蚤に付着して広まる。ただし、当時の人々は、この因果関係に気づかなかった。そこで、ユダヤ人が井戸に毒を投げ入れてペストが蔓延《まんえん》したなどのデマが広まり、社会不安が強まった。

第五章　近代資本主義の形成

商業には、共同体を分解する作用がある

近代資本主義システムが成立するためには、循環型システムである封建社会が崩壊しなくてはならない。正統派のマルクス・レーニン主義者たちは、崩壊の原因が封建社会に内在すると考える。つまり封建社会内部の生産力が高まったので、そこから構造転換が起きたと考える。

これに対して宇野《うの》弘蔵《こうぞう》は、外部の歴史的偶然の要素を重視する。その一つが前章で指摘した、一四世紀初めのヨーロッパにおけるペスト大流行である。

ペストによる人口減少とともに宇野が重視するのは十字軍を契機に発達した商業である。商業には、共同体を分解する作用があるからだ。

〈ヨーロッパは古くから、イタリアから地中海を渡ってアレキサンドリアに出、アラビアを横切ってインドにいたる経路を経てインドその他のアジア諸国との交易をしていたのであるが、インドその他からヨーロッパにもたらされたのは、香料や絹によって代表されるいわゆる東洋品《オリエンタル・グッズ》であり、ヨーロッパはこれに対して主として銀を輸出したのであった。この銀は主として南ドイツの銀山から供給されていた。しかし、東インド航路の開発によって、いまやポルトガルが東洋品の主要な輸入国となるのであるが、それが大量に輸入されるにつれて、銀もいよいよ大量に要求されることになった。ところがあらたに開かれたアメリカ大陸との交易においては、煙草・蔗糖・藍その他の特産物とともに特に中南米の鉱山から金・銀が大量に欧州にもたらされ、これに対してヨーロッパからは織物類・食物類等が輸出されることになった。この新大陸貿易は、はじめスペインによって主としておこなわれたのであるが、ともかくこのような東西インド貿易の発展によってここにあらたなる世界貿易関係が生じてきたので

ある。〉（『経済学　上巻』四七〜四八頁）

確かに商業がヨーロッパに普及していたということは、商品（貨幣）経済の拡大を意味した。しかし、ここでいう商業と近代資本主義社会の商業は根本的に異なる。地中海、シルクロード、更に東インド航路の貿易によってもたらされる商品は、絹、香料、陶磁器など例外なく贅沢《ぜいたく》品であった。また、大西洋航路によるアメリカとの貿易によって得られる煙草、砂糖、香料なども基本的には贅沢品である（基本的と留保をつけたのは、煙草、砂糖は、贅沢品であっても、より広い範囲の人々に受容されたから）。

近代資本主義の特徴は、贅沢品のみならず、生活必需品も商品によって確保されることである。この断絶を認識しておくことが重要だ。

〈上述の十字軍以後の世界的な商業の発達は、中世的な諸制度とそれにともなう制約とを打破して資本主義を発達させる上で大きな役割をはたすこととなった。それは資本主義社会が成立するための根本的な前提条件の形成に、外部からではあるが、非常に大きな作用をおよぼしたからである。それではその根本的な前提条件とは何であるかといえば、社会的に一方には生産手段や生活資料を自己の手に集積しているか、あるいはこれを買入れうる貨幣を貨幣財産として蓄積した人々と、他方にはこのような生産手段や生活資料をもってもおらず、また自分でつくることもできない無産者、すなわち自己の労働力を商品として販売して、生活資料を購入する人々との対立ができるということである。いかに生産手段を集積しても労働力がこれに結合されなければ生産はおこなわれない。したがってまた大量に生産手段が集積されたとしても、あるいはまた商品として買入れられるにしても、労働力が商品として買入れられなければ、生産手段は資本にはならない。しかも労働力が商品化するには自己の労働力を販売する以外に生活の道のない――そしてそれはまた同時に自己の労働力を自由に、具体的にいえば、中世紀的束縛をうけないで売りうるものでなければならないが、そういう――無産大衆が創りだされなければならない。このような資本主義成立の前提条件を社会的に形成する歴史的な過程を資本の原始的蓄積（Ursprüngliche Akkumulation des Kapitals）と呼んでいるのである。世界史的にいって資本主義の最初の、そしてまた典型的発達をみたイギリスにおいて一六世紀から一八世紀にわたる期間がこの原始的蓄積の時期をなし、資本主義の初期の時代を代表することになる。〉（同書、四五

～四六頁）

商業によって、富を蓄積した人々が、将来の資本家の予備軍となったという推定は誤っていないと思う。ただし、それだけでは資本主義は生まれない。生産手段も生活資料ももたずに自己の労働力を商品化することが唯一の生活の手段となるプロレタリアート（近代賃金労働者）が出現しなくてはならないのである。このような資本主義の前提は、イギリスにおいて一六～一八世紀にかけて徐々に準備された。『資本論』によれば、この過程が資本の原始的蓄積である。

エンクロージャ運動が近代的プロレタリアートを生んだ

ここで重要なことは、一六～一八世紀に毛織物が世界的に流行したことである。木綿や麻よりも丈夫で、温かいヨーロッパ製の毛織物がアジアでもアメリカでも歓迎された。従って、国際競争力をもつようになったのである。それ故に、毛織物産業が発達したオランダとイギリスが世界貿易において圧倒的な優位を示すようになったのである。

実を言うと、イギリスは一四世紀半ばには既に毛織物産業が十分発達していた。この時期に封建的な農奴制は崩壊しはじめていたのである。中南米で大量の銀が採掘され、ヨーロッパに流入するようになった。一方、毛織物がアメリカ大陸に輸出される有力商品になり、毛織物産業が活発なオランダとイギリスが世界経済における優位を獲得するようになったのである。

オランダの覇権をイギリスが打ち破った構造的要因も、毛織物産業の基礎がイギリスの方が堅固だったからだ。オランダが湿地帯に位置しておらず、農民を追い払って羊を飼う場所があったならば、オランダが覇権を維持することもできたかもしれない。

イギリスでエンクロージャ（囲い込み）運動が起きたのも、毛織物の流行と牧羊拡大にイギリスの地理的環境が適していたという偶然の要素を無視することはできない。このエンクロージャ運動がなければ、近代的プロレタリアートも出現しなかったのである。

〈以上（佐藤註《さとうちゅう》・エンクロージャ）の過程は封建的土地領有制度をうち破り、土地の私有化を広汎に実現するとともに、農民を身分的に解放し、領主と農民との封建的関係を解消するものにほかならなかったのであって、マルクスのいわゆる二重の意味で自由なる――生産手段からとともに封建的束縛からも自由なる――近代的無産労働者

を大量的に創りだすものであった。〉（同書、四九～五〇頁）

農村から追われた人々は都市に生活の糧を求めた。

対抗システムがもった「脅威」の重要性

イギリス政府は、このような農村の解体に対して危機感をもった。

〈実際また一五世紀末以来一五〇年にわたって、国王はたびたび小農民からの土地の収奪に対して、これを抑えようとする法令をだしたのであるが、しかしいずれもその効果をあげることはできなかった。エリザベス女王に始まる有名な救貧法（Poor Law）は、むしろこれらの抑制にもかかわらず多数の救恤《きゅうじゅつ》を要する農民の続出を証明するものにほかならない。〉（同書、五〇～五一頁）

救貧法による貧民救済は、現代の社会福祉とは異なる。社会福祉は、社会主義革命を阻止し、資本主義体制を維持するために導入されたものである。個別資本にとっては利潤が低下することになるが、国家が資本に対して干渉することによって、資本家階級が労働者階級に譲歩することなのである。

これに対して、救貧（救恤）とは、貧困者の存在が社会秩序を脅かし、その結果、国家統治の障害となることを阻止するためにとられる政策である。ここでは国家が労働者階級に譲歩するという要素は認められない。

〈ヘンリー八世は一五三〇年つぎのような法令をだしている。老齢で労働能力のない乞食には乞食鑑札を与えるが、強健な浮浪人に対しては鞭打ちと拘禁とが与えられる。エドワード六世の治世第一年である、一五四七年の一法規は、労働することを拒《こば》むものは、彼を怠惰者として告発した者の奴隷となることを宣告されるべきものと規定している。そして主人はパンと水とうすいスープと適当と思われる屑肉とをもってその奴隷を養うべきである。もし逃亡して一四日間におよぶと奴隷は終身奴隷の宣告をうけて、顔か背にS字を烙印《らくいん》され、逃亡三回目には国家の反逆者として死刑に処される。エリザベス女王の治世下でも一五七二年に同様に過酷な立法がおこなわれている。鑑札のない一四歳以上の乞食はこれを二年間雇おうとする者がないばあいには、烈しく鞭打たれて左の耳に烙印されねばならない。再犯のばあい一八歳以上の者はこれを二年間雇おうとするものがなければ死刑にする。三回累犯のばあいには、容赦なく国家の反逆者として死刑にするというのである。〉（同書、五三頁）

貧困者は、一人一人ばらばらになっている。団結し、階級となっていない貧民はいくら数が多くなっても国家にとっての脅威とはならない。国家が脅し上げて、仕事をさせる。言うことを聞かない貧民は殺してしまう。国家は、本質において社会から収奪する機関であるので、ここのところにその特徴がよくでているのである。

〈マルクスもいうように、浮浪者はもはや存在しない関係のもとで労働すべきものとせられ、あたかもかれ自身の意志で浮浪人化したものとして、犯罪者の取扱いをうけたのである。

こうして農民は暴力的に土地から放逐され、浮浪人にされ、しかも奇怪兇暴な法律によって鞭打たれ、烙印され、拷問されることとなったのであるが、しかしまたそれは資本主義発生の歴史的過渡期として、近代的な賃銀労働者をつくりだすための訓練でもあったといってよい。実際また自己の労働力を売る以外には売るべきものをもたないという無産者ができただけでは、近代的賃銀労働者として十分ではない。これらの無産者は新らしい生産様式に順応した生活の仕方、すなわち自分の労働力を売ることによって生活することが人間として当然の生き方であり、それが自然的な制度であると思うまでに訓練されなければならなかった。〉（同書、五四頁）

一九九一年一二月にソ連は崩壊した。現時点で、マルクス・レーニン主義型の社会主義国であるという看板を一応掲げているのは中国、ベトナム、北朝鮮、キューバの四カ国である。しかし、中国とベトナムに関しては、政治体制には社会主義の残滓《ざんし》が多く残っているが、経済的には資本主義に転換している。特に中国については、商品の輸出だけでなく、資本の輸出も行っているので、レーニンの帝国主義論の規定に従うならば、中国はまぎれもなく「資本主義最高段階としての帝国主義」国家である。

キューバは、ベネズエラやコロンビアとの関係を強化しているが、カストロの社会主義が、現下資本主義体制を脅かす力はもっていない。北朝鮮が世界に対する脅威をもたらしているることは事実であるが、それは金《キム》王朝の生き残りのために、核兵器や弾道ミサイルなどの大量破壊兵器の開発を行い、それを外国に拡散しようとしているからであり、北朝鮮の社会主義が資本主義国の労働者階級に影響を与えているからではない。

このような状況では、資本家が労働者に譲歩する必要性は薄れる。純粋な資本主義（市場原理主義）の論理に従って、資本が利潤を追求する際の障害になる要素を排除する新自由主義が、現在、主流になっているのは、対抗システムであるソ連型社会主義の脅威がなくなってしまったという要因が大きいのである。

反グローバリズム運動とイスラーム原理主義過激派の運動

資本が、自らの論理に忠実に従えば、社会的格差が拡大する。その結果、構造的な貧困が生まれる。そして、非熟練の非正規雇用の労働者が、構造的な貧困層に組み込まれてしまう。特に若年層で、貧困層に組み込まれてしまうと、そこから抜け出す方策が見つからない。既に政府（国税庁）の統計でも、年収二〇〇万円以下の給与所得者が一〇〇〇万人を超えるという状況になっている。共働きを含むとしても、この程度の年収では、家族を養い、子供を作っていくこと、すなわち、世代的に見た場合、労働力の再生産ができなくなる。

いまから一五〇年前、ヨーロッパの社会主義者たちが「このままだと社会が崩壊してしまう」と危惧《きぐ》した時代が、再び到来しているのである。このような状態を放置しておくと、日本の社会が弱くなる。そして、社会の弱体化に伴い日本国家も弱体化するのである。

ソ連型社会主義という対抗システムが消滅したからといって、資本主義に対する対抗運動が存在しなくなったわけではない。現実に影響を与える対抗運動は二つある。

第一は、反グローバリズム運動だ。これに従来型の消費者運動と環境運動が結びついている。非暴力を基本とする異議申し立て運動で、ボイコット（不買運動）を有力な武器にする。資本主義システムは、労働力商品化によって成り立っている。すなわち、労働力を作り出すエネルギーを、労働者は商品を購入し、消費するという形態で実現する。生産という視点から見た場合、資本家に対して労働者はほとんど無力である。しかし、消費という視点から見た場合、消費者としての労働者がボイコットを展開すれば、大企業であっても倒産に追い込むことができる。食品偽装が判明した二〇〇二年に廃業、解散した雪印食品がその一例である。国家も資本も、消費者の選択を強制することはできないので、ボイコットは資本の横暴に対抗する際のもっとも重要な手段になる。

第二は、アルカイダ型や「イスラム国」（ＩＳ）型のイスラーム原理主義過激派の運動である。ソ連型社会主義が消滅し、マルクス主義系の異議申し立て運動が退潮した後、アジア、中東、アフリカでもっとも影響力をもっている資本に対する対抗運動はイスラーム原理主義過激派である。現実の世界経済システムを考えた場合、イスラーム原理主義過激派の運動は、資本主義に寄生している。従って、資本主義システムを破壊することは、イスラーム原理主義過激派が存立する経済基盤を破壊することにもなるのであるが、そのような認識をもたないところにこの種の異議申し立て運動の強みがある。

イスラーム原理主義過激派は中東の現象で、日本には縁遠いという間違えた「常識」があるが、客観的に見た場合、世界最大数のムスリム（イスラーム教徒）を擁する国家はインドネシアである。それにパキスタン、インド、バングラデシュのムスリムを加えれば、アジアのムスリム人口は中東を圧倒する。また、中国のウイグル人、回《かい》族はムスリムだ。北京《ペキン》や上海《シャンハイ》には、ムスリムの人々が常用する（豚肉を使わない）羊肉専門の中華食堂がたくさんある。アジアに土着する素地をイスラーム原理主義過激派も十分にもっている。

日本においても、徐々にではあるが日本人ムスリムの人口が増えている。格差が拡《ひろ》がる中で、イスラーム原理主義過激派が閉塞《へいそく》感を強めた人々の魂をとらえる可能性は十分あると筆者は見ている。

商人資本には、封建社会を壊す力はある

さて、近代的資本主義が成立するとともに商業がその機能を転換する。これまでは、主に共同体と共同体の地理的差異を利用して、利潤を得ていた商人資本が、共同体内部から利潤を得ていく商業資本に変容していくのである。

〈資本主義の発展の初期にあっても、いわゆる小生産者がその相手をなすかぎり、地域の相違によって、あるいは生産条件の相違によって、商品の価格は当然異なるのであって、商人は一方で安く買った商品を他方で高く売るということもできるのである。たとえば一方の地方から離れた他の地方へ運ぶということだけで、商人資本はその資本の利潤をうることができる。もちろん、商人にとっては単にそれだけの利益が目的とせられるものではなく、相手の事情を利用して、つねにできるだけ安く買って、できるだけ高く売ることによってできるだけ多くの利潤をうるということが目標とせられるのである。

しかし資本主義が確立されるにしたがって、そういう利潤をあげる余地は漸次に少

なくなってくる。実際上はもちろん全然その余地がなくなるというのではないが、商業は産業に投ぜられる資本に従属し、その機能の一部を担当するものとなる傾向を有している。純粋の資本主義社会を想定してその経済法則を明らかにする経済原論でいう商業資本は、ここでいう商人資本とは異なって、産業資本からその利潤の一部を分けてもらって、その商業機能を代行するものとして、その性格を明らかにせられるのである。だから商人資本が主として活躍するのはむしろ資本家的生産の発達しない、多かれ少なかれ自然経済に基礎をおく社会においてである。外国貿易がそういう商人資本のもっとも活発に機能しうる舞台であるゆえんもまたそこにある。こういう社会では、多くの生産者はその余剰生産物を商人資本を通じてはじめて商品化し、これによって、商品市場と接触するというばあいも少なくない。〉（同書、五八〜五九頁）

現実に存在する商業資本は、「産業資本からその利潤の一部を分けてもらって、その商業機能を代行する」機能を純粋に果たしているわけではない。地理的差異を利用して利潤を獲得することもあれば、偽装食品のように消費者を欺瞞《ぎまん》して利潤を獲得することもある。個別資本としては、利潤が獲得できればいいのである。しかし、理論的に利潤の源泉をあくまで共同体の外部に求める商人資本と、それを共同体の内部に求める商業資本を区別することは重要である。

ちなみにマルクスが『資本論　第三巻』で展開している利潤論は宇野のような論理整合性に欠如する部分がある。そのため、マルクスが『資本論』で展開する利子論には深刻な欠陥が生じることになる。この点については、現段階では問題の存在を指摘するにとどめ、詳述は別の機会に行うことにするが、『資本論』を解釈する場合に避けて通ることのできない論点だ。

話を、近代資本主義の形成期にもどす。この段階における商人資本の重要性は、資本に共同体を分解する要素があることだ。

〈商人資本は一定の生産関係のもとに生産された生産物の——それがどんな生産関係のもとで生産されたかには関係なく、たとえば奴隷の生産したものを封建領主に売るということもあるのであるが、そういう——商品化を通じてこの分解的作用を与えるのであるから、それ自身には生産関係に対して、いわば外部から影響するものにすぎない。したがってその社会の崩壊からどのような生産関係が生みだされるかは、商人資本自身によって決定されるものではない。それはもっぱらこの崩壊する社会の生産関係自身の中に発展してきた生産力によって、あらたに生みだされるよりほかにはない。〉（同書、五九～六〇頁）

商人資本には、封建社会を壊す力はある。これによって旧来の循環型システム、マルクスの用語を用いれば、生産関係は破壊されるのであるが、商人資本が新たな経済システムを作り出すことはできない。ここで、新たな経済システムを作り出すためにも、外部からの要因が必要とされるのである。

第六章　商人資本による共同体の破壊と建設

偶然の事情が重なり、資本主義は生まれた

商人資本と商業資本は本質的に異なる。

商人資本は、共同体と共同体の間に商品が生まれる限り、いかなる時代においても存在する資本だ。ここでは、労働力商品化が確立されていないので、価値法則は作用しない。

これに対して、商業資本は、労働力商品化が確立し、産業資本が成立した後に出現する資本の形態だ。当然、価値法則の制約を受ける。

資本主義の成立にあたって、商人資本が、伝統的共同体に対して、分解作用をもたらし

たのは、確かである。それと同時に商人資本が資本主義を育成し、新たな共同体を構築する役割を果たしたことを軽視してはならない。商人資本には、共同体の破壊と建設という両義的性格があることを宇野《うの》弘蔵《こうぞう》は強調する。

〈商人資本が単に旧社会に対する分解的な作用だけをなしたにすぎないとすれば、商人資本自身も個別的にはともかく一般的にはそう大した発展も見なかったであろうが、資本主義発生の過程における商人資本の役割はけっしてそういうものにとどまらなかった。元来、資本主義は商品流通を基礎として発達するものではあるが、それは生産過程をも資本の生産過程とすることによって、はじめて確立されるのであり、同時にそれによってはじめて一社会を根底から商品経済社会たらしめるものである。ところで近世初期の世界的な市場の開発とともに商人資本は、直接に市場と接触するので市場知識を有し、かつまた市場の需要に応じて生産を拡大するために必要な資金をも有しているということによって、直接の生産者に支配的影響をおよぼすことになり、いわゆる問屋制度によって間接的にではあるが、生産者自身をも支配することになってくる。それは特にイギリスにおいては原料としての羊毛を手近にもっていた小生産者

を相手にすることによってオランダと異なった発展を見たのである。〉(『経済学　上巻』六〇〜六一頁)

イギリスにおいて、羊毛工業の発展により、羊を飼うために農民が追われ、農業プロレタリアートにならざるを得なかったというのが、第一の偶然の事情である。更に、海外に展開するイギリスの商人資本が、問屋制度を通じて間接的に生産を支配する力をもっていたという第二の偶然の事情があった。このような偶然の事情が重なることで、資本主義は生まれたのである。この発生事情を研究すれば、資本主義を超克する際のヒントになると宇野は考えているのである。

人間でなく資本が主体となった社会システム

マニュファクチァ(工場制手工業)の位置付けについては、専門家の間で種々の議論がある。宇野は、マニュファクチァによって、労働力商品化を前提とする産業資本の原型が成立したと考える。

〈マニュファクチァの形態においては、資本はもはや商人資本の形式をとるものではない。労働力をも原料その他の生産手段とともに商品として買入れ、これを生産過程で生産的に消費して新しい商品を生産し、これを販売して貨幣に実現するという$G-W<^{A}_{Pm}\cdots P\cdots W'-G'$（Aは労働力、Pmは生産手段、Pは生産過程）の産業資本の運動をなすものとなる。それはまた資本主義に特有な、いわゆる特殊資本家的生産方法を実際上に開始するものとなるのである。すなわちマニュファクチァにおいては、労働に従事するものは最初から賃銀労働者として資本家の工場にあつめられ、そこでおこなわれる労働は資本の機能となり、かくて生産過程自身が資本の生産過程となる。そして多数のあつめられた労働者は、同一工場内でいわゆる協業をおこない、この協業にもとづいて分業の組織を展開する。同一作業場における分業は孤立分散的な小生産者のばあいとは質的に異なった労働組織をなし、これによる生産力の増進は、資本にとって特別の利益をなすことになり、それがまたその特殊資本家的生産方法を発展せしめる動力となるのである。〉（同書、六一～六二頁）

マニュファクチァを採用した資本家は、生産性を向上させることにより、旧来の生産様式と比較して超過利潤を得ることになる。しかし、マニュファクチァによる生産の増進には限界があった。資本主義は、分業と協業を基礎に成立するが、マニュファクチァにおいては分業において隘路《あいろ》があるからだ。

マニュファクチァ分業において、職人としての熟練を要する部分と、労働者なら誰でもできる部分があり、労働力商品化による資本主義的生産は、この誰でもできる部分でしか展開できなかったからだ。更に、当時は、恒常的な需要があるとはいえない不安定な世界市場で、マニュファクチァでつくられた商品も販売された。このような状況では、マニュファクチァを経営する産業資本家は、商人資本家に比べて立場が弱い。

マニュファクチァについては、それが直ちに近代資本主義へとつながるわけではない。農村を追われ、生産手段をもたない労働者が賃金労働を行うという新たな生産形態が誕生したことに大きな意味があるのだ。

〈要するに初期資本主義の時代における商人資本の活動は、それ自身で特殊資本家的生産方法を展開するというのではないが、それによって小生産者がその生活を分解され、生産手段と生産的労働者との分離が一般的に促進されるということにその歴史的意義を有していた。いいかえれば、かかる分離を基礎として、資本による生産の社会的発展が準備されたのであった。しかも土地を失った農民が近代的賃銀労働者に転化する過程においては、資本はただちにマニュファクチァの産業資本としてこの時代を支配することはできなかったのである。商人資本がこの時代の代表的な資本とされるのは、このような資本の原始的蓄積の過程におけるその役割によって規定されることである。〉（同書、六三頁）

資本主義は、封建社会から必然的に発展したのではない。いくつかの偶然の要素が複雑に絡み合って、イギリスで偶然出来上がった制度なのである。しかし、この偶然の制度は、本来、商品となるべき性質ではない人間の労働力を商品化することによって、人間ではなく資本が主体となった社会システムを反復することが可能になったのである。

〈一五、六世紀から一八世紀にわたってヨーロッパ諸国の資本主義化の過程は、商業ことに海外貿易を通じて商人資本に指導されつつ発展したのである。そこでこの時代は重商主義の時代ともいわれ、この時期におこなわれた経済政策を重商主義の政策というのであるが、それは本質的には資本の原始的蓄積のおこなわれた時代であり、その政策はそれを促進するものにほかならない。この時期を重商主義というのは、すでに序論でも指摘しておいたように、一九世紀の自由主義、一九世紀末以後の帝国主義と対比した規定であるが、この時代にこのような政策がおこなわれたのは、資本主義の発展の初期においては旧来の社会的関係を分解しつつ、資本を原始的に蓄積せざるをえないからであり、またかかる蓄積をなしえたからにほかならない。商人資本は、それがある程度旧社会的関係を分解し、具体的にいえば、農民、手工業者などの小生産者を収奪して賃銀労働者化すると、当然に資本はもはやかかる蓄積をなす必要がなくなるし、またなしうる余地も狭隘化し、商人資本の活動の基礎をなした商業上の利潤も減じてくる。それは必然的に産業資本にその席をゆずることになるのである。〉（同書、六七〜六八頁）

商人資本の展開ということだけならば、スペインやポルトガルに資本主義が発展してもおかしくなかった。しかし、スペインやポルトガルの商人資本家は、利潤を再び資本に投入するのではなく、贅沢《ぜいたく》品の消費や、死後の安楽を担保するために教会に寄進するなどして、資本の原始的蓄積を行わなかった。

世俗的禁欲の論理をもったイギリスやオランダの資本家が、資本の原始的蓄積を行ったのである。しかし、オランダでは、イギリスのように羊毛工業が発達せず、従って、囲い込み運動も起きずに、近代的なプロレタリアートが発生しなかった。結果から見ると、資本主義が成立する条件を満たした国家はイギリスしかなかったのである。

資本主義がもたらすイデオロギー（常識）の呪縛

資本主義は、重商主義、自由主義、帝国主義という発展段階をたどる。これは、国家による経済政策から明らかになる。

〈このように資本主義の経済政策は、その発展段階に対応して歴史的に異なった展開をなすのであるが、もともと経済政策は、国家によっておこなわれるにしても、資本主義的生産関係から超越した主体によっておこなわれるものではない。むしろ、そのときどきの資本主義的生産関係を代表する支配的勢力が政策の主体となるのである。しかもその支配的勢力は資本主義の発展におうじて歴史的に決定される。それはいかなる政治的権力によっても任意に決定されるものではない。事実、種々なる政策をこのような歴史的関連のもとに総合的に観察すると、われわれは大体において資本主義の発達に適応した一定の経済政策を規定することができ、しかも、それはつねにその発展段階の中心となる資本の性質によって特徴づけることができるのである。〉（同書、六八～六九頁）

宇野経済学は「三段階論」という独特な方法論をもっている。

宇野は、経済学の究極的目的は、現状分析であると考える。しかし、いきなり経済の現状分析を行うと、資本主義に限定された事象をあたかも普遍的事象であると誤認した上で経済現象を分析することになるので、資本主義を全体としてとらえることができなくなる。いわゆる近代経済学の誤謬《ごびゅう》は、経済現象に対する反省や批判が欠如していることだ。そのため、資本主義がもたらすイデオロギー（常識）の呪縛《じゅばく》から逃れることができない。

また、逆に社会主義革命への意識が過剰なマルクス主義経済学も、イデオロギーにより現状を裁断する傾向が強いので、資本主義の内在的論理を摑《つか》むことができない。

そこで、宇野はまず、マルクスの『資本論』から、社会主義革命を志向する過剰なイデオロギーを除去し、純粋な資本主義の個性を記述することを試みる。これは、円環をなす体系（エンチクロペディー）になる。労働力の商品化がなされれば、資本主義は恐慌を繰り返し、あたかも永遠に続くかの如き原理論を組み立てることができる。

しかし、現実の資本主義は、このような純粋な資本主義ではない。資本主義も、黎明《れいめい》期である重商主義の時代には、国家が過程に強く関与した。

『資本論』が純粋の資本主義を想定した一九世紀半ばのイギリスにおいても、イギリス国家は徴税を行っていた。国家は抽象的存在ではなく、実態としては官僚が国家の業務に従事している。人民から税を徴収することなくして、官僚は生存することができないし、国家も存続することができない。しかし、宇野が想定する原理論において、国家、官僚、税については、まったく考察の対象となっていないのである。

現実の経済は、国家との関係を抜きには考えられない。国家は、その存続のために、常に社会から収奪しなくてはならない。国家と社会の利害は基本的に対立するのである。国家は、常に社会の側の隙を見出《みいだ》し、そこから少しでも多く収奪することを望んでいるのである。

絶対王政は封建社会の現象ではなく、初期資本主義に随伴した現象

資本主義は、社会現象である。資本主義が活動するためには、市場という場が必要である。ここに富が集まれば、そこから暴力によって略奪や収奪を謀る者がでてくる。これを阻止するためには、最大の暴力機関である国家によって、市場が保護されることが必要とされる。国家は、自国の領域内にある市場を保護する。これは、国家による慈善事業ではなく、そのようにして、市場を保護しないと、国家が社会から収奪することができなくなってしまうからである。

〈もちろん、資本主義は外国貿易の発展によってその発生の重要な契機を与えられたのであるが、しかし同時にある程度まで統一された国内市場を形成しないかぎり、その基礎を確立することはできない。そしてそれは必然的に近代的統一国家の形成を要請する。実際また海外貿易の発展にともなう国内市場の形成は、多かれ少なかれ旧来の封建社会の崩壊の上に形成せられるものであって、多分に封建的性格を残しながらも、残存する旧勢力に対立する絶対王政を確立することになる。それはまさに商人資本の支配に対応した、過渡的な、いいかえれば、なおあらたなる生産関係の確立を見

ないということにもとづく政治的権力にほかならなかった。〉（同書、六九頁）

このように国家によって保護された市場を基本として、国民経済が生まれる。ここで、絶対王政が生まれるが、絶対王政は封建社会の現象ではなく、初期資本主義に随伴した現象なのである。このようにして、資本主義、統一国家が生まれると、国家が政治、経済、情報の基本単位となる。ここにナショナリズムの基礎が生まれる。かつては、国境にとらわれなかった商人資本も特定の国との関係を深める。そこから、文化を共通にする人々が当該領域の政治権力を握るべきであるというナショナリズムが発生する。

絶対主義は、資本主義と共にナショナリズムを育む

国家が、他国家に対して存在することと、国家と資本（経済）が関係をより緊密にすることによって、国家も社会も機能を変化させていくのである。労働力の商品化によって、資本主義が成立すると奇妙な現象が生じる。資本家とプロレタリアートは、根本利益を異にするにもかかわらず、ナショナルな表象で一体の国民として、包摂される傾向が強まるのである。

〈一般に旧社会内の衝突は、さまざまな形でプロレタリアートの発展の歩みをおし進める。ブルジョアジーはたえまなく闘っている。はじめは貴族に対して。のちにはブルジョアジー自身の中でその利益が工業の進歩と矛盾するようになった連中に対して。そしてまたつねにすべての外国ブルジョアジーに対して。これら一切の闘いにさいして、ブルジョアジーはプロレタリアートに訴え、その助けを要求しないわけにはゆかず、こうしてプロレタリアートを政治運動のなかに引きこむ。こうしてブルジョアジー自身が自分自身の教養的要素を、すなわち自分自身に向けられる武器を、プロレタリアートに供給するのだ。〉（カール・マルクス／フリードリヒ・エンゲルス「共産党宣言」『マルクス・エンゲルス選集第五巻』新潮社、一九五九年、一二一～一二三頁）

ここでマルクス、エンゲルスがいうブルジョア的な教養は、確かにプロレタリアートに供給された。この教養が、ブルジョアジーとプロレタリアートの双方をナショナルな表象で包み込んでしまったのである。更にナショナリズムの流行に王や貴族が加わった。

特にドイツ、中東欧、ロシアなどの後発資本主義国では、中世の王朝が国民の代表であるように衣替えする公定ナショナリズム（official nationalism）が流行になる。絶対主義は、資本主義と共にナショナリズムを育《はぐく》むのだ。

〈近代的統一国家は対外的に自国の勢力を拡大することによって、はじめて国内的に確立されることになるのであるが、そしてこのような対外勢力の拡大の直接の動機は、しばしば国王の財政的必要にあったのであるが、その財政の基礎は、結局は国内の資本家的商品経済の発達に求めなければならなかった。この時期の政策が、特に海運・海外貿易・植民地の経営等における商人資本の活動と直接的な関係をもったのは、それが資本家的商品経済の発展を促進することになるからであった。一般に富国強兵が近代的統一国家のスローガンとしてあらわれるのも、資本家的商品経済が近代国家の基礎をなすからである。その意味でそれはもちろん抽象的な富国強兵ではなく、一定の歴史的意義をもっていたわけである。〉（『経済学　上巻』六九〜七〇頁）

公定ナショナリズムの世界においては、国王の利害と国民の利害が同一と観念されるようになる。イギリスは、資本主義の先進国であるが、ナショナリズムの先進国ではない。

公定ナショナリズムの要素がイギリスにもあることを軽視してはならない。しかし、それは中途半端な公定ナショナリズムである。

環境は資本によっても労働力によってもつくることができない

ところで、資本主義は、土地や天候によって、成果が左右されやすい農業と基本的に相性がよくない。純粋な資本主義に近づきつつあったイギリスにおいても、地主階級への譲歩から、穀物の輸出に対しては制限が設けられていた。穀物の輸出が認められてからは、逆に比較劣位になった農業に対する補助金が出されるようになった。

〈重商主義の経済政策は大体以上のごとくであるが、なお、重商主義政策を特徴づけるものとして穀物条例（Corn Law）がある。それは初期資本主義の段階で資本がなお中世的な地主的利益を無視することができず、これと妥協せざるをえなかったことを示すものである。すなわち、穀物が輸出品として重要性を増してくると中世以来の食糧確保の立場は修正され、チューダー王朝では不作による価格の騰貴のないかぎり、輸出を許可する方針をとり、穀物の生産を奨励したのである。ところが一六七〇年にはさらに進んで小麦の輸出を制限する価格の規定を撤廃しただけでなく、一六六〇以来採られてきた穀物輸入に対する課税による制限を価格の騰貴したばあいをのぞいて、禁止的な高率をもって強化するにいたった。名誉革命はこのような地主農業者のための政策をさらに推し進めるものであった。すなわち、一六八九年の穀物条例は穀物価格の低落に対して輸出奨励金を与えることを規定したのである。それはまったく資本が旧来の土地所有者に対してなした譲歩にほかならない。このように重商主義の政策が地主的利益と妥協せざるをえなかったというのは、資本主義がなお、歴史的に一つの社会として確立していなかったからである。産業革命をへて産業資本の確立をみた一九世紀における自由貿易運動は、かくて一九世紀初めに新しく制定されたものではあるが、従来と同様に地主的利益を目標とする穀物条例の廃止をその対象としたのである。〉（同書、七五～七六頁）

一八四六年に穀物条例が撤廃された。これは国内地主保護派に対する自由貿易派の最終的勝利で、その後、高度な技術を基礎に、比較優位のもとでイギリスの資本主義は順調に発展していくのである。

いずれにせよ、資本主義にとって土地が大きな制約要因になることが重要である。『資本論』によれば、資本主義社会は、資本家と労働者の二大階級によって構成されているのではない。この二大階級に地主が加わった三大階級によって構成されているのである。資本家は労働者を搾取して獲得した剰余価値をすべて自分のものにすることはできない。その一部を土地に対する使用料、すなわち地代として、支払わなくてはならない。ここでいう土地には、水、豊饒《ほうじょう》力など、今日で言う環境の要素が含まれる。土地すなわち環境は、資本によっても労働力によってもつくることができないというマルクスの洞察力は実に優れている。

第三部　国家の介入

第七章　産業革命と労働力商品化の親和性

合理化、効率化が、かえって労働強化につながる

産業資本主義は、「二重の自由」をもった労働者が労働力を商品化することによって成立する。労働力商品化は、機械が普及して、労働に熟練が必要とされなくなる状況で可能になる。産業革命と労働力商品化は親和的なのである。

〈いわゆる産業革命とは、イギリスにおいて一八世紀の後半から一九世紀のはじめにかけておこなわれた生産過程の機械化によって、資本主義的な社会関係が確立された

歴史的過程をいうのである。〉（『経済学　上巻』七七頁）

産業革命については、一般に誤解がある。基礎となったのは蒸気機関のような動力機ではなく、紡績機械のような作業機であった。

〈産業革命の出発点をなし、またその基礎をなすものは、しばしばいわれるように蒸気機関のごとき動力機ではなく、紡績機械のごとき作業機である。作業機は従来労働者が道具をもっておこなっていた作業を機械化するものである。つまり労働者の手工的熟練によっておこなわれていた作業を、労働者の手の直接的作業から分離するということが重要なのである。しかも機械はその性質上多数の道具をもって作業しうるし、その発達にしたがって種々なる作業をなす作業機を分業組織的に結合し、さらに進んではこれらの作業機を運転する原動力と、これらを組織的に活動せしめる伝導機とによって、機械自身のあいだをも直結する自動組織、すなわち一つの機械体系を形成することにもなる。〉（同書、八一頁）

しかし、この紡績機械は、マニュファクチァとは根本的に異なる。マニュファクチァにおいて非熟練労働で対応できる作業工程は一部分に過ぎなかった。一部に熟練工が必要とされたのである。これに対して、紡績機械のような機械は、非熟練工だけで操作できるからである。こうして、全面的な労働力商品化が可能となる。

〈こうなると労働者の地位は、家内工業やマニュファクチァのばあいとはまったく異なったものにならざるをえない。マニュファクチァにおいても、協業および分業がおこなわれていたとはいえ、それは、手工技術を基礎としているのであって、いかに単純なる作業に分業化されたにしても、なお手工上の熟練を要する部分を残すのであった。各作業部面は、特殊の労働者の熟練労働を基軸にして結合されなければならなかった。したがってマニュファクチァにおいては、資本はなお労働者を単純なる労働力の売手として完全に自己の支配のもとにおくことが、しばしば困難であった。前にも述べたように、資本はたえず労働者の「わがまま」と戦わなければならなかったのである。ところが機械を使用する工場においては、これまで労働者が道具を使って手でおこなっていた作業を、作業機がしかも同時に多数の道具をもっておこなうこととなり、労働者は特定の技能をもった労働者である必要がなくなってくる。いいかえれば、ここでの労働は何人にもなしうる単純な労働となり、幾年かのむずかしい習練をへなければならない労働ではなくなる。それとともに機械は、作業を人間の肉体的な力からもある程度解放することになり、婦人や少年の労働をも広汎に採用しうることとなるのである。それはマニュファクチュアの分業組織で不熟練労働者が部分的に採用されるというのとは、質的に異なって、労働者を全面的に不熟練労働者化するものといってよい。さらにまたこの工場における労働者の協業は上述のような機械を基礎とするために、労働過程における労働者の機械に対する関係は、かつての道具に対するばあいとはまったく顚倒したものとなる。すなわち労働力を商品として売った労働者にとっては、機械は道具のようにみずから主体となって使用するというものではなくなり、逆に機械が労働者を使役するといってもいい関係ができてくる。実際また工場におけるあらゆる運動は機械を中心におこなわれ、労働者はこれに対して従属的に労働するにすぎないこととなる。そこで機械は労働者に対してそのまま資本としてあらわれるのである。〉（同書、八一～八三頁）

労働力商品化が全面的に成立するということは、労働者がアトム（原子）化し、すべて代替可能になるということである。従って、熟練労働者の労働条件改善や賃上げのような「わがまま」から資本家が解放されることを意味する。

このようにして、機械が発達すると、労働者が機械に従属するような状況が生じてくる。また、生産性の高い機械が発明されると、そのような機械が労働者から職を奪うような状況も生じてくる。そうなると、理論的には、機械の資本家的使用が労働者に圧迫を加えているにもかかわらず、即自的に労働者の敵意は機械に向かう。そして、機械打ち壊し運動（ラダイト運動）が起きるのである。

二一世紀の現代でも、合理化、効率化が労働者の労働を軽減するのではなく、かえって労働強化につながることが多い。

自立した資本、産業資本

産業資本は、商人資本と異なり、労働力商品化を通じ、生産によって利潤を獲得する。商人資本、金貸し資本が、外部に依存して価値増殖を行うのに対し、産業資本は内部から、すなわち生産によって価値増殖を行う。従って、産業資本は自立した資本ということができるのである。

〈産業資本の利潤は商人資本のように単に安く買った商品を、そのまま高く売って得られるというものではない。生産手段と労働力とに支払った生産費が製品の価格より安いというのは、けっして安く買ったものを高く売るというのではない。前にも述べたように資本家的生産方法が確立すれば、社会の富は一般的に商品形態をもって生産されるのであるが、それはまた資本家の利潤が商人資本のように安く買って高く売るという関係を許さなくなるということにほかならない。商品を資本家や労働者に売るかぎり、そういうことは意味をなさなくなる。前にも述べたように、現実的には全社会がそういう資本家的関係に純粋化されるということはないし、また資本家的商品生産も、そういう商人資本的関係を完全に脱するわけではないが、資本主義の社会では一定の時期、すなわちいわゆる帝国主義的段階に移行する前の産業資本の段階では、そういう純粋化の傾向を示しつつあったものとしてよいのである。産業資本の利潤の源泉は、資本家と労働者との関係によって明らかにされなければならないが、しかし、それは現実にある資本家と労働者との関係をそのままとって明らかにしうるわけではない。現実的にはつねに種々なる、いわば不純な関係が介入して、かえってその本体を見失うことにもなる。そこでわれわれはこの資本主義が一定の段階で具体的にその傾向を示していた純粋の関係によってそれを明らかにしなければならない。またそれによってはじめて、われわれは商品の価値が労働によって決定されるという、いわゆる労働価値説をも論証しうることになるのである。〉(同書、八六~八七頁)

マルクスの『資本論　第一巻』では、単純な交換形態、すなわち二〇エレのリンネルが一着の上着に相当するという部分で労働価値説が論証されたと考えたが、それは誤りであると宇野《うの》は考える。労働価値説の論証は生産過程でなされるべきであるというのが宇野の主張だ。従って、二〇エレのリンネルも、一着の上着も、あらゆる時代に共通する単純商品ではなく、資本主義的生産様式の下で作られた資本主義的商品なのである。それだから、二〇エレのリンネルが一着の上着に相当するという場合、リンネルの背後に所有者を想定するのである。リンネルはこの所有者にとっては必要のない、他人のための使用価値なのである。

もっとも、このような解釈をするのは宇野学派だけである。正統派、すなわち講座派

（日本共産党）、労農派（社会主義協会）の双方においては、この二〇エレのリンネル、一着の上着もあらゆる時代に共通の単純商品として解釈する。重要なことは、宇野学派の読み方でも、正統派の読み方でも、『資本論』を矛盾なく読むことができるのである。優れたテキストは、このように複数の読み方が可能になる。

労働には二重性がある

さて、労働力とは、労働者が一日の生活資料（住宅費、食費、被服費、医療費、娯楽費など）を得る費用である。これらの生活資料を消費することによって、明日一日の労働力を蓄えるのである。

労働者が消費する商品は、他の労働者が作った商品である。この消費の局面において、労働者は資本家に対して大きな影響力を行使することができる。資本家は、他人のための使用価値をもった商品を作っている。資本家の第一義的関心は、当該商品が販売されることによって得られる価値である。労働者が不買運動（ボイコット）を展開すれば、資本家は窮地に陥る。

従来のマルクス主義者は、ストライキ、サボタージュのような異議申し立ての主張にしか関心をもたなかったが、社会に与える影響という観点からは不買運動の方が圧倒的に効果がある。

〈労働者は一日の労働力、すなわち資本家の工場で一日労働する能力を売って賃銀を受けとる。賃銀は労働者にとっては一日の生活資料を購入する手段である。ところで労働者が賃銀で購入する生活資料も人間労働の――資本主義社会では労働者の労働の――生産物である。もちろん、労働者の生活資料もいろいろの使用価値からなっている。それは人間の欲望を充足する使用価値としては、食料とか、衣服とか、家具とかというように、それぞれ異なったものである。これらのものを生産する労働も具体的には質的に異なった労働である。いいかえれば、食料・衣服・家具等はそれぞれ異なった労働の生産物である。しかし労働者はこれらの生活資料をすべて商品として、賃銀として得た貨幣をもって買入れて生活する。しかも資本主義社会では、これらの生活資料もすべて労働者の労働の生産物にほかならない。したがって労働者は全体としてみれば、自己の労働の生産物をも商品として買戻して生活しなければならないということになる。この関係は、人間がいかなる社会においても労働によってその生活資料を獲得しなければならぬということを、商品という特殊な形態を通しておこなっていることを意味するのである。〉（同書、八七〜八八頁）

労働者が消費する商品は、他の労働者によって作られた物である。労働者は、自らが生産した商品を再び金を支払って買い戻さなくてはならないのである。なぜなら、労働者が生産した商品は、資本家の所有物だからである。

〈たとえば、ロビンソン・クルーソーのばあいにみられるように、一人の人間が自給自足しているという生活を——といっても実際上そんな生活は特殊の事情のもとにしかありえないのであるが——考えてみよう。かれは、たとえば、ある日の幾時間かは食物の獲得に費し、また他の日の幾時間かは住まいや衣料の整備にあてるというように、とにかく種々なる質的に異なった労働をしなければならない。しかしかれにとっては、これらの種々なるいわゆる有用労働も、かれが生きていくためには一日幾時間かの労働をしなければならないということであって、労働の仕方はそれぞれの目的にしたがって異なるにしても、かれの頭脳・感官・神経・筋肉等の活動、つまり労働力の支出としては同質であり、ただ支出する量すなわち労働する時間の相違があるだけである。いいかえれば、かれの労働は同じかれの労働力の支出としての労働を、種々の異なった労働に配分しておこなっているわけである。労働の生産物はいかなる社会でもこういう二面の労働の結果といってよい。もちろん、何人も単に量的相違を有するにすぎない抽象的人間労働と、質的に異なる有用な具体的労働というように、二度労働するわけではない。一つの労働がかかる二面をもっているにすぎない。そしてじつは商品が一面ではその質的相違にもかかわらず、すべて一様に金何円というように量的にのみ異なる価格をもって売買せられるという点で価値を有し、また他面では、そういう一様性にもかかわらず、それぞれ異なった性質を有する物であって、人間のそれぞれ異なった欲望を充足しうる使用価値であるということも、こういうあらゆる社会に共通な労働＝生産過程における労働の二重性を基礎とするものなのである。〉

（同書、八八頁）

労働には二重性がある。パンを作る、家を建てるといった類《たぐい》の具体的有用労働と、労働する時間が相違するだけの抽象的人間労働である。これは、労働という一つの行為を二つの別の側面から見たものである。

搾取の場合、露骨な暴力は存在しない

ところで、労働力商品化というのは、一種の同語反復（トートロジー）である。人間の労働が労働力という形態をとるときには、すでに社会全体が商品経済で蔽《おお》われていることが前提とされる。しかし、このような商品社会が全面的に成立するためには、労働力商品化が成立していなくてはならないからである。

この労働力商品は、その使用価値である労働をさせることによって、消費し尽くすしか用途がない。労働力商品の使用価値は、特定の具体的な効用に限定されない、可能態としての労働なのである。

〈一般に商品は、商人あるいは商業資本家のように再び売ることを目標にしないかぎり、その商品の使用価値を使用することを目的に購入される。労働力なる商品は再び売ることを目標として購入されるものではなく、かならず使用価値として消費するほかないのであるが、その使用価値は労働、すなわち生産過程においてあらたなる使用価値をつくる労働である。労働力なる商品は他の商品と異なって、それ自身では特定の使用価値を有する労働生産物ではなく、種々なる使用価値を生産することができる人間の能力を使用価値として有する特殊の商品である。〉（同書、九〇頁）

更に、労働力商品という商品は、資本主義的な方法によって生産することができない。家庭で休息することによって作られるのである。更に労働者が子供を作り、育て、その子供が労働者になるという形態で、社会的に再生産されていくのである。

家庭においては、商品経済の原理は浸透していない。カール・ポランニーは、人間の経済（広義の経済）を贈与、相互扶助、商品経済（狭義の経済）に区分したが、家庭においては、贈与と相互扶助を中心に広義の経済の枠組みにおいて労働力商品が作られているのである。

労働力には、その対価である賃金よりも多くの価値を生産する能力がある。この差額が剰余価値の源泉である。資本家は、剰余価値を労働者から搾取するわけである。この搾取は、自由で平等な労働力商品の売買に内包されている。労働者は自らの労働力商品を売却したくなければ、それを拒否する自由がある。もっとも労働者は、労働力以外に生存を確保する手段がないのであるから、いずれにせよ労働力を売却しなくてはならないのである。日常的に「中間搾取」というような言葉が用いられるが、このような「ピンハネ」は、『資本論』でいうところの搾取ではない。これは、他人の所有物を経済外的強制によって収奪することである。封建時代の年貢も搾取ではなく、収奪である。収奪が行われる状況においては、露骨な暴力が存在するが、搾取の場合、そのような暴力は存在しない。すべてが自由で平等な条件の下で、合意の上で行われるのである。

〈かくしてまた労働力なる商品は、その価値を支払われながら、その使用価値たる一日の労働によってあらたなる価値を、労働力の価値以上の価値を、生産するということが、資本家にとって剰余価値を与えることになり、資本の利潤の基礎をなすのであって、価値法則は、資本主義社会においてはじめて商品経済が一社会を支配する基本的原理をなすということになる。〉（同書、九二頁）

労働力商品化によって、価値法則が成立する。それによって資本家は利潤を確保するのであるが、そのすべてを資本家の手に確保できるわけではない。一部は、土地を所有している地主に地代として渡さなくてはならない。地代には、土地の地力、水資源などの要素も含まれているので、自然（環境）と言い換えることも可能である。

資本によっても労働力によっても自然を作り出すことはできないのである。

第八章　総資本と個別資本、あるいは国家の介入

平等関係の中に埋め込まれた階級支配

資本家による労働者に対する階級支配は、資本主義社会の表面的現象を見るだけでは、わからない。労働者は、資本家に労働力を商品として提供し、その対価として賃金を受け取る。そして、労働者は、自己の欲望を充足するために商品を購入する。労働力商品、労働力以外の商品を売買する過程において、商品の売り手と買い手は、平等の関係にある。

しかし、この平等の関係の中に階級支配が埋め込まれているのだ。

マルクスの『資本論』を注意深く読むと、第一巻、第二巻と第三巻終わりの地代につい

て解説する箇所での資本（仮に資本Aとする）と、第三巻の利潤率を説く部分で用いられている資本（仮に資本Bとする）の概念が異なっていることに気づく。
資本Aは、総資本である。ここでは個別資本の立場は捨象されている。従って、現実の資本主義社会において、重要な要因である個別資本間の競争については、考慮されていない。これに対して、資本Bでは、個別資本の競争の問題を取り扱っているのである。

〈生産物がその生産に要する労働時間によってその商品としての価値を決定されるという、この商品経済の基本的関係は、のちに述べるように、個々の資本家にとってはかならずしもその生産物を価値によって売買し、その生産過程で生産された剰余価値を、ただちに利潤としてうるものではないという、一見矛盾したあらたなる関係を展開する。しかしそれは個々の資本家にとってのことであって、全体の資本家と労働者とのあいだには、資本家は労働力の再生産に必要な生活資料を、賃銀をとおして労働力の価値として与えつつ、剰余価値をうるという関係が価値法則にもとづいて確立されるのである。実際また価値法則の社会的な、歴史的な意義もこの点を基軸として理解されなければ十分とはいえない。それはけっして単なる生産物の商品としての交換を規制するものとしてではなく、生産物が商品として、商品によって生産される資本家的商品経済においてはじめて、一社会を規制する原理となるのである。かくして労働者の一日の労働時間は、マルクスのいわゆる支払労働としての必要労働時間と、不払労働としての剰余労働時間とに分割され、その比率である剰余価値率は、資本家の労働者に対する関係を表示するものとなる。資本家はできうるだけ一日の労働時間を延長することによって、剰余価値率を増進しようとする。しかもそのことは商品の価値法則に何等反することではない。一日の労働時間は、労働力なる商品の使用価値にほかならないのであって、商品として購入した労働力の資本家によるその使用価値の消費にすぎないからである。〉（『経済学　上巻』九二～九三頁）

実際の資本は、剰余価値率ではなく、利潤率を基準にして動く。この問題については、『資本論　第三巻』において、論じられているが、マルクスにおいて資本が二重の意味で用いられていることについて、実は宇野《うの》もこのことを明確には認識していないようである。ただし、労働強度を高めることによって、資本が利潤率の増大を図るということこの部分においては資本Ｂの考え方が出ている。

資本家は特別の利潤を得ようと技術革新に力を入れる

資本家の職業的良心は、利潤を増大することである。そのためには、労働者に対する搾取を強化しなくてはならない。利潤は剰余価値からもたらされる。資本家にとっての剰余価値率は、労働者にとっては搾取率なのである。

〈ところがこういう方法による剰余価値率の増進は、つねに一定の限度をもっている。必要労働時間は与えられたる生産力によって限定され、一日の労働時間は労働者の身体的条件からいっても、一定の限界を越えるわけにはゆかない。そこで資本家による剰余価値率の増進は、必要労働時間そのものを短縮する生産力の増進に向わざるをえない。マルクスはこの方法を前者の絶対的剰余価値の生産に対して、相対的剰余価値の生産というのであるが、それは一日の労働力の使用価値としての労働時間を一定としても、必要労働時間の短縮によって剰余労働時間をますます多くすることができるからである。産業革命による機械の資本家的採用も、一般に労働の社会的生産力を増進することによって、相対的に剰余価値の生産をいちじるしく促進することになるという事実が、その根本的動力をなすわけである。もっとも後に述べるように、資本家があらたなる機械を採用するというのは、直接的にはそういう一般的な根拠によるのではない。他の資本家がまだ採用しないうちに新しい機械を採用すれば、その資本家は、従来の方法のもとで生産される商品をなお規制している価値にもとづいて、自己の商品をも売りうるために、生産力の増進による、特別の利潤が得られるということを、直接的な動機とするのであるが、しかしそういう直接的な動機も実は、以上に述べたような一般的剰余価値の生産を基礎にしてあらわれるものにほかならない。事実、新しい機械が普及すれば、商品は新しい低下した価値で販売され、かかる特別の利潤は失われるのであるが、そのかわり資本は一般的に、労働力の再生産に要する労働時間の減少によって、より多くの剰余価値を獲得しうることになるのである。産業革命もまたこういう直接・間接の推進力によって急速に実現されたのである。〉（同書、九三〜九四頁）

労働強化によって、搾取を強化するには限度がある。そこで、資本家は、新しい効率的な機械を導入するのである。機械を発明する発明家や技術者は、特に利潤の増進など考えていないかもしれない。新しい技術や機械を開発することに専門家としての生き甲斐《がい》を感じているという場合がほとんどであろう。しかし、資本家が新しい技術や機械を採用するのは、特別の利潤を獲得できるからである。「他の資本家がまだ採用しないうちに新しい機械を採用すれば、その資本家は、従来の方法のもとで生産される商品をなお規制している価値にもとづいて、自己の商品をも売りうるために、生産力の増進による、特別の利潤が得られるということを、直接的な動機とするのである」。

ここでいう資本は、個別資本家の利益を体現する資本Bである。個別資本が他の資本を出し抜いて、自分だけ儲《もう》けようとするのが、新技術や機械を採用するときの資本家の動因である。このようにして、特別の利潤を得た資本家も、この新しい機械や技術が、産業全体に普及すると特別の利潤を得る根拠を失うのである。そして、特別の利潤を得ようと、それぞれの資本家は、技術革新、新機械の発明に力を入れるのである。特別の利潤は、新しい技術や機械が普及するまでの間のタイムラグによって得られるのである。

機械打ち壊し運動を非文明的と考えるのは、資本主義に毒されているから

いずれにせよ、このような効率化、一昔前の言葉で言うならば合理化が、労働者にとっ

て利益をもたらすことはないのである。

〈機械そのものは、前にも述べたように元来は人間の労働を節約するものであるが、資本家的生産のもとにあってはむしろ労働者自身を節約するものとして作用し、機械は労働者の競争者としてあらわれる。事実、機械はしばしば従来の手工業労働者をその職場から駆逐し、その存続を不可能にしたのである。マニュファクチァや家内工業は同一の産業では、もはや競争することができなくなる。そこで従来の手工業労働者は失業せざるをえなかったのであるが、彼等にとってはこの過程はあたかも機械そのものが自分たちから職を奪うもののようにみえたのであった。事実、労働者はまず機械そのものと抗争したのである。たとえば「一七五八年エヴェレットが、水力で運転される最初の剪毛機をつくったときには、それは数百人の失業者によって放火された。またアークライトの粗梳機および梳毛機に対しては、従来羊毛を梳いて生活していた五万の労働者が議会に反対陳述をした。ことに蒸気機関の利用の結果として、一九世紀最初の一五年間に、イギリスの工業地帯でおこなわれた機械の大量破壊はラダイトの運動の名のもとに、……反ジャコバン政府にとって極度に反動的な弾圧手段をとる口実を与えた」(『資本論』(三)二〇四―五頁)のであった。
労働者はこのように機械そのものを自分たちの敵としたのは、機械工業発達の初期においてはなお、その資本家的使用の意義を理解しえなかったものとして当然のことだったのである。〉(同書、九九〜一〇〇頁)

鉄道において、ＳｕｉｃａやＰＡＳＭＯが導入されたのも、それによって利用者に対する監視を強化するためではない。資本主義的な合理化の結果なのである。鉄道労働者を切符販売や、切符切りのような単純労働から解放することは、一般論としてよいことだ。しかし、そのことが労働者の労働を軽減することにはならず、資本家は合理化によって利潤の増大を図るのである。

監視強化に反対する市民運動が、運動を効果的に推進するためには、鉄道労働者の反合理化闘争と有機的に結合していくことが不可欠なのである。その視点をもたずに、ＳｕｉｃａやＰＡＳＭＯの導入を監視強化であるとして敵視しても、現場の鉄道労働者の共感を得ることはできない。

ラダイト運動のような機械打ち壊し運動が、非文明的であると考えるのは、われわれの思考が資本主義によって毒されているからだ。ここで人間の原点に立ち返らなくてはならない。人間と、人間が作ったモノに過ぎない機械とどちらが大切かということである。

　機械によって、労働者の生活が脅かされるならば、機械を打ち壊すことは人間的であるし、労働者としての当然の権利でもある。機械の導入によって、労働者の生活を奪う資本家の方が余程非文明的なのである。ラダイト運動のような激しい形態での異議申し立て運動を行わなくては、労働者の生存権が保障されなかったというのが、当時の資本主義の実態だったのである。資本家は、ラダイト運動のような暴力的な抵抗運動が怖いのである。従って、資本家は国家に依頼し、暴力的な抵抗運動を国家の暴力によって鎮圧しようとする。

合理化による労働の単純化は深刻な問題を引き起こす

　国家は、部分的に資本の要請に応《こた》えるが、資本のやりすぎによって、労働者の異議申し立てが激しくなり、資本主義システムが破壊されることを恐れる。従って、個別資本の利益に反する労働者を保護する政策も導入する。それは個別の資本Bの利益には相反するとしても全体としての資本Aの利益に合致するからである。『資本論』でいう総資本の中には国家の要素が含まれているのである。
合理化による労働の単純化は、少年労働、女性労働の分野でも深刻な問題を引き起こす。
〈こうした理由から産業革命による機械の普及発達につれて、労働者の労働は軽減されるどころではなかった。婦人・少年労働者も非常に酷使された。一四時間あるいは一五時間というような長時間の労働さえまれではなかった。機械による作業の単純化は、かかる長時間の労働をも重労働ではないような外観を与えるのである。しかしもちろん、このような婦人・少年の酷使は悪影響なしにはすまない。長時間の婦人労働は、労働力を単に再生産するだけでなくあらたなる次代の労働力をも育成する、労働者の家庭生活を破壊するものであった。また成長期の少年にとっては健康の点からはもちろん、教育上からもその成育を阻害するものであった。〉（同書、一〇一～一〇二頁）
この問題は、現代的でもある。コンピューターの産業への利用が進んだため、高度の熟練が必要とされない労働分野が増えてきた。中学卒業程度の基礎学力があれば、あとはマニュアルによって対応が可能な労働現場の方が、現在は主流だ。このような労働現場では、女性、少年のような、弱い立場の者が酷使されるようになる。低賃金での長時間労働が常態化してくる。「機械による作業の単純化は、かかる長時間の労働をも重労働ではないような外観を与えるのである」というのは、機械をコンピューターと置き換えれば二一世紀の現在においても十分通用する。

このような状況において、家庭が破壊される。この破壊には、二重の意味がある。

一つは、共時的に、家庭が破壊される。従って、現時点における労働の質が下がる。なぜなら、労働力という商品は、他の商品と異なり、家庭における休養によって、蓄えられるエネルギーだからである。

第二は、通時的問題だ。非熟練労働なので、賃金の上昇が期待できない。そのような状況で、家庭をもって、子供を作り、育て、教育を受けさせて、次世代の労働力を作ることができなくなるのである。個々の資本の問題でも総資本Aの立場から、国家が介入する。家庭を維持し、児童労働を禁止し、少年労働を制限するのは、人道の観点からなされるというよりも、資本主義システムを維持する上で不可欠なのである。

効率化により、労働が単純になると、多様な雇用形態が生まれてくる。正社員の他に、契約社員や派遣社員が生まれてくるのも、その本質は、賃金を引き下げることにある。資本の論理からすれば、同一の労働ならば、労働力商品の価格は、安ければ安いほどよい。多様な形態の雇用を導入すれば、正社員の賃金が、契約社員や派遣社員の水準に引き下げられるのは、資本主義の論理からいって必然的だ。特にグローバリゼーションの進《しん》捗《ちょく》によって、資本が破る障壁は、国家間だけに存在するのではない。企業内の正社員と契約・派遣社員の間にある壁も破ろうとする傾向になる。資本が関心をもつのは利潤だけである、という鉄則がここでも貫徹されるのである。

資本主義システムに合致する形で人口を作り出す

価値を作り出すのは人間労働だけである。原理的に労働者を数多く雇い入れれば雇い入れるほど、資本家の得る剰余価値の量は増大する。機械化を進め、合理化を行えば、資本量に対する労働者数は相対的に減少する。しかし、絶対的な資本量が急速に増大するために、資本主義的生産のために必要とされる労働者数も飛躍的に増える。ここから労働力供給の隘路《あいろ》が生じるが、それを解消するメカニズムを資本主義システムはもっているのである。

〈しかし資本の蓄積の増進につれて、資本の要求する労働者人口は単に人口の自然増加だけで充足されるということにはならなかった。いいかえれば資本は人口の増加に制限されることなくその経営を拡大したのであるが、それはますます改良されてきた機械を採用することによって、一方では資本量に比較して労働者数を相対的には減じながら、他方では資本量の絶対的増加によって、労働者をますます多く工場に雇い入れることになったからであった。しかもこの労働者は、いまや単純なる労働力を商品として販売せざるをえない、いわゆる無産労働者にすぎなかった。資本は機械の採用によってはじめて自己の必要とする労働力を、自由に調達しうる労働市場を確立してくるのである。もっともこの関係は、資本が他の生産手段や消費資料のように労働力を直接生産するというのではないために、つねに確保されているというわけにはゆかない。そこであるときは資本の蓄積によって労働者を工場に吸収し、あるときは機械化の伸展によって、これを排除するという、特殊の過程のうちにそれを実現する。機械の改良がそのあいだの媒介をなすことになるのである。資本は、これによってみずから生産することのできない唯一の商品である労働力をも、消極的ながらもみずから調達しうることになるのであって、もはや政治的力のごとき外的力によって、自己の生産関係の確立を擁護せられることを要しなくなるのであった。その生産力の増進による支配力は、かくして自立的なものとなったのである。〉（同書、一〇四頁）

労働力にも労働市場が存在する。市場であるから、賃金は需要と供給に応じて上下する。労働力が不足すれば、労働力商品、すなわち賃金も上昇する。しかし、賃金の上昇には天井がある。賃金が、利潤をはるかに超えるような状態になってしまえば、資本家にとって労働者を雇う意味がなくなる。実際、労働市場において、賃金が資本家の利潤を超えるほど上昇することは、確かに生じる。ここから恐慌が生じると宇野は考える。

資本主義システムにおいては、新たな技術を開発し、機械を発明することによって、労働力を消極的に調達することができるのである。宇野は、「あるときは資本の蓄積によって労働者を工場に吸収し、あるときは機械化の伸展によって、これを排除するという、特殊の過程のうちにそれを実現する。機械の改良がそのあいだの媒介をなすことになるのである。資本は、これによってみずから生産することのできない唯一の商品である労働力をも、消極的ながらもみずから調達しうることになるのであって、もはや政治的力のごとき外的力によって、自己の生産関係の確立を擁護せられることを要しなくなるのであった」と強調するが、このように人口を資本主義システムに合致する形で作り出すことができるようになったことが、資本主義がシステムとして自立し、更に自律的に発展する基本なのである。

更にドイツや日本のような後発資本主義国においては、農村が労働力の潜在的な供給地となる。従って、人口問題を、純粋な資本主義メカニズムとは別の外部の要因によっても解決することが可能になったのである。

第九章　『資本論』の核心——三位一体の錯認の定式とは

バベルクの批判

一九世紀の終わりにオーストリアの経済学者ベーム・バベルクが『マルクス学説体系の終焉《しゅうえん》』（一八九六年）を著して、『資本論』の第一巻と第三巻の間にある矛盾を指摘した。

バベルクの論理を整理すると次の通りだ。

『資本論』第一巻では、商品交換は投下労働量によって規定される価値に基づいて行われる。すなわち一着の上衣がコーヒー四〇ポンドに値するというならば、そこには等量の労働が投下されていることになる。一着の上衣は紅茶一〇ポンドに値するというならば、そこにも等量の労働が投下されていることになる。ここから一着の上衣、四〇ポンドのコーヒー、一〇ポンドの紅茶には等量の労働が投下されているという結論になる。

　それに対して、『資本論』第三巻では、資本主義的生産の下では、商品の交換は、価値とは区別される生産価格に基づいて行われるとされている。マルクスの理解では、資本主義的生産が進めば進むほど、生産価格による交換が行われるようになる。そうなると、投下労働量による交換という『資本論』第一巻の言説と矛盾することになる。

　このバベルクの批判は、それなりに筋が通っている。これに対してマルクス主義経済学者は、「マルクスの言説に間違いがあるはずがない」という視座から反批判をしている。これでは、「神々の戦い」となり、要するに問題が立場設定に還元されてしまうので、議論は当初から噛《か》み合わないのである。

総資本の前提

　宇野《うの》弘蔵《こうぞう》は、バベルクの批判を正面から受け止めた。そして、価値法則で言うところの労働は、社会的に還元された労働であることを鍵《かぎ》にこの難問を解決しようとする。

〈労働力の商品化を基礎とする資本家的商品経済は、資本家と労働者との関係を商品形態をもって規制する社会である。しかも労働力なる商品はその価値を労働者の生活資料の生産に要する労働時間によって決定されざるをえないのであって、商品はその生産に要する労働時間によって価値を決定されるという、いわゆる価値法則もここにおいては全面的な展開をなしうる根拠を与えられるわけである。ところが資本家にとっては、その生産物たる商品をかくのごとき価値によって売買してはいられない事情がある。すなわち一定額の資本を投じたにしても、産業によってはなんらあらたなる価値を形成しないで、ただその価値を新生産物に移転するにすぎない生産手段に比較的多くの資本を要し、あらたに価値を、したがって利潤として得られる剰余価値を生産する労働力には、比較的少ない資本を投じなければならないというものもある。前者のいわゆる不変資本と後者のいわゆる可変資本との割合の相違は、一定量の資本によって生産される剰余価値の相違をもたらすのであるが、そうなると資本としては、その性質上当然により多い剰余価値の生産をなしうる産業を選択することになる。したがって可変資本の比較的に大きい、いわゆる資本の構成の低い産業の生産物は、その量が増加し、その価格が低下する傾向を有するのに対して、資本の構成の高い産業の生産物は、その量が減じてその価格の高騰を見ることになる。そこで価格は全産業で生産される剰余価値が一定量の資本に対して、均等の利潤として配分せられるように調節せられる。いいかえれば資本は、その生産物を、それを生産するために要する生産手段と労働力とに支払ったいわゆる費用価格に対して、その資本量に対する一定比率の利潤率による平均利潤を加えた価格、いわゆる生産価格をもって売買することになる。資本としては、いかなる産業に投ぜられ、いかなる生産物を生産するにしても、産業そのもの、生産物そのものに目的があるわけではない。つねにより多くの利潤を求めて産業の選択がおこなわれる。そしてその結果は、どの資本にも一定の平均利潤が与えられる、上述のような生産価格による売買をなさざるをえないのである。もちろん、一たび投ぜられた資本は、特に固定設備のあるかぎり、そう自由により有利なる産業に移転せられることにはならないであろう。しかしあらたに追加され、投下される資本は、当然により有利なる産業を選択するわけであって、結局は平均の利潤を実現することになる。もっとも同一産業に投ぜられた資本にしてもすべて同じ生産条件を有するとはかぎらない。有利な条件を有するものは不利なる条件を有するものよりも多くの利潤をうるのである。しかしこの点でも資本は、たがいにより有利なる生産条件を求めて競争するわけであって、同種の産業全体としては、他の産業と同様の利潤をその資本に対してあげるものとしてその経営をつづけうるわけである。実際上は種々なる事情によって平均以上の利潤や以下の利潤を得るということにもなるのであるが、全体の資本はその剰余価値を資本量に応じて平均して分配する、少なくともそういう傾向を有しているといってもよいのである。

このことは資本の生産物としての労働者の生活資料もその価値によってではなく、生産価格によって売買せられざるをえないために、資本家と労働者との関係も、価値関係によって規制されるとはいえないのではないかという疑問を生ぜしめるのであるが、すでに前にも述べたように、労働者はたとえその生活資料を価値と乖離した生産価格によって買入れるにしても、少なくとも労働力の再生産に必要なだけの生活資料は買いうるのでなければ、労働力を再生産しえないわけであり、したがってまた原則としてはそれだけの賃銀を得なければならないのであって、資本家に対する関係においては、生活資料の価格のいかんにかかわらず、その生産に要する労働時間によって決定せられた価値をもって生活資料と労働力とを交換することになる。資本の生産物が価値とはなれた生産価格をもって売買されるということは、ただ労働者の剰余労働による剰余価値を資本の間に平均的に分配する資本家的機構にほかならない。資本家と労働者との関係は、依然として商品経済の価値法則によって規制されるのである。もちろん実際上は労働者も理論的に規定せられるような純粋の無産労働者となるわけではないし、また各種産業も一様にかくのごとき無産労働者をもって経営しうるわけではないので、労働力もしばしば価値をはなれた価格によって売買される。いいかえれば旧来の生産関係による攪乱的要因を残しているわけであるが、さきにも述べたように資本主義は産業資本の支配的地位の確立とともに、かくのごとき攪乱的要因は、自力で解消する傾向を示してくるのである。〉（『経済学　上巻』一二六〜一二八頁）

宇野は、「資本の生産物としての労働者の生活資料もその価値によってではなく、生産価格によって売買せられざるをえないために、資本家と労働者との関係も、価値関係によって規制されるとはいえないのではないかという疑問」について、ストレートな回答は避けているが、「労働力もしばしば価値をはなれた価格によって売買される」と開き直っている。恐らく、その論理的筋道は次のようになっているのであろう。『資本論』第一巻と第三巻の資本は、異なる概念なのである。

『資本論』第一巻における資本は、個別資本の競争が行われた後の、社会的調整を終えた総資本なのである。これに対して、『資本論』第三巻における資本は、競争が行われている個別資本だ。従って、論理的には、第三巻における個別資本間の競争が済んだことが、第一巻における総資本の前提になっているのである。

『資本論』で言う労働自体が社会的調整を終えた事後の概念なのである。このような宇野の論理構成によるならば、近代経済学の新古典派一般均衡モデルと労働価値説も矛盾しないことになる。もちろん宇野自身は、マルクス経済学と近代経済学の融合などという問題意識はまったくもっていないのだが、論理構成として、宇野の生産価格解釈は、新古典派と親和的だ。

宇野のこの解釈から、もう一つの重大な問題が浮かび上がる。『資本論』第三巻の生産価格が市場均衡によって決定される局面では、資本の論理だけが問題になる。しかし、社会的調整が行われた後の総資本の世界では、地代による調整が含まれる。後述するように、マルクスも宇野も、土地は資本によっても労働によっても作り出すことができないと考えた。土地は、純粋な資本主義の実現を制約する要因なのである。

さらに、この点は議論が分かれるところになるが、総資本に国家が含まれるか否かである。

『資本論』の論理は、基本的に国家を想定していない。しかし、資本の競争に委していれば、労働者に対する搾取が極限に至り、個別資本が現時点における利潤の極大化を目指すために、労働力商品の価格である賃金が減少し、労働者の世代を超えた再生産、すなわち労働者が家庭をもち、将来の労働者となる子供を作り、育てることが不可能になる。このような資本主義システムを崩壊させる危険を避けるために純粋な資本主義社会に近似した一九世紀中葉のイギリスにおいても、国家が救貧政策を実施していた。総資本に国家が含まれるか否かという論点について、現時点で筆者の立場は定まっていない。ここでは、そのような重要論点があるということを指摘しておくにとどめる。

地代は、地主に対する資本家の譲歩

さて、資本主義は、基本的に労働者階級と資本家階級の労働力商品の売買関係によって構成されている。労働力は価値通りに資本家に販売される。そこから資本家は剰余価値を実現する。ここには何の不正もない。資本家は、剰余価値のすべてを自らの利潤とすることはできない。土地という制約要因があるからだ。資本家は、地主に地代を払わなくてはならないのである。

〈元来、土地は、資本にとっては欠くべからざる生産手段でありながら、他の生産手段のように資本自身によって、いいかえれば労働によって生産されるものではない。あらたに開拓された土地にしても、それは開拓に要した労働によって生産されたものではなく、したがってまたその労働時間によって決定される価値を有するものではない。それは生産手段として使用されながら消費せられないと同様に生産されるものとはいえないのである。資本にとっては土地はいわば外部から与えられた生産条件である。もちろん空気のように資本の必要に応じて与えられるものででもあれば問題はない。ところが土地にあっては、資本は与えられた豊度と位置とを有する一定面積の土地を借入れて生産しなければならない。それはあらゆる資本が自由に使用しうるというものではない。しかも資本としては、土地が重要な生産手段となる農業に投ぜられるばあいにも、他の産業に投ぜられるばあいと同様の利潤が得られるのでないかぎり、かかる投資はなしえないのであって、豊度や位置からいってもっとも不利なる土地の生産物の販売からもかかる利潤が与えられうるのでなければならない。そこでそれより有利な土地を借地する資本家は、平均利潤以上に出るいわゆる超過利潤を得、かかる土地に対する資本の競争をとおしてそれを地代として支払わざるをえないことになる。いわゆる差額地代が生ずるわけである。

しかしまたそういう資本にとって平均利潤しか得られないという最劣等地にしても、土地所有者のあるかぎり、無償で資本が利用しうるわけではない。そこで土地生産物は、たとえ資本によって生産されたにしても、一般の原則にしたがってその生産価格で販売されればよいということにはならない。土地生産物は、かかる土地の借入れに支払われる地代分だけ生産価格以上に販売されることになる。マルクスのいわゆる絶対地代が形成されるわけである。かくして資本家的生産のおこなわれるところでは、地代はもはや単なる借地料としてではなく、資本の平均利潤としての剰余価値分配の原理を基礎とする特別の規定として、一定の法則に支配せられながら支払われるものとなる。〉（同書、一二八～一三〇頁）

『資本論』でいう土地には、空気、水、豊饒《ほうじょう》力なども含まれる。現代的に言い換えるならば、自然もしくは環境である。資本によっても労働によっても、自然や環境を作り出すことはできないのである。従って、自然や環境による制約から離れることが難しい農業には資本主義と非親和的要素がある。「資本にとっては土地はいわば外部から与えられた生産条件である」。この生産条件に資本家も従わなくてはならない。土地を使用する以上、最劣等地に対しても、地代を払わなくてはならない。地代は、地主に対する資本家の譲歩なのである。

利子は利潤の一部に過ぎないのに、錯認が生じる

地主は、ただ土地をもっているだけで、資本家の利潤の一部を得ることができる。ここから、地主が、資本主義社会において一つの階級を構成することになる。

〈旧来の土地所有者もかくして農業における資本主義の発展とともに近代的な土地所有者として、一定の経済法則にしたがった地代を支払われることになる。一九世紀中葉のイギリスの土地所有は、基本的にはかかる形態を与えられるものとして、資本家に対する土地所有者として一階級を形成したのであった。それと同時にまた元来は労働の生産物ではなく、したがって一般商品とは異なったものでありながら、その所有から地代を得られるものとして、土地は一種特別の商品となるのであった。もちろん、資本主義前に生ずる金貸資本の形態は、すでに早くから貨幣の貸付によって利子を得るものとしてあり、それによって土地もまた封建的な関係から解放されると地代を利子として資本還元した土地価格をもって売買されることになるのであるが、それは金貸資本と同様に、形態的にはともかく実質的にはなお資本家的な原理による土地の商品化とはいえなかった。資本主義の発展とともに地代も資本家的形態を与えられるが、貨幣もまた資本家的原理にしたがって貸付資本の形態を与えられるのであって、土地価格も一定の実質的限度をもった法則によって決定せられることになる。実際また資本家的経済の体制は、土地を地代によって商品化する利子形態をも自己の原理として完成することによって、はじめて全体系を完成するものといえるのである。〉（同書、一三〇頁）

所有によって、カネを得ることになるが、これは資本主義的に土地を使用することによってもたらされる社会的関係なのである。しかし、日常生活の常識においては、この社会的関係が見えない。土地自体がカネを生み出すように見えるのである。

これと同じ錯認が資本の領域においても見られるようになる。資本の運動、言い換えるならば、労働力商品化による搾取によって、剰余価値はもたらされるのである。しかし、資本をもっているだけで、「カネがカネを生む」という観念をもたらすようになる。この錯認は利子という現象において端的に見られる。

〈このこと（佐藤註《さとうちゅう》・個別資本の間の取り引きも、基本的に貨幣を媒介して行われること）は個々の資本のあいだに、その生産物が他の生産手段をなすという関係のあるかぎり、商品生産物をただちに貨幣をもって支払われないで融通するといういわゆる商業信用を可能にする。この信用を基礎にしてかかる支払にあてられる手形は、しばしば商品の売買に利用せられ、たがいに決済されることになれば、全然貨幣を用いない交換もおこなわれうることになる。しかし実際上は産業部門間でたがいにその商品生産物を交換しうるという関係は限られているし、また労働者に対してはそういう信用を利用することはできない。たがいに決済されない範囲では、資本はその運動を予備資本をもって継続しなければならない。信用による売買は、結局、かかる予備金をいわば資本家社会的に利用して、それ自体では利潤を生産しない貨幣資本を節約することにほかならない。これはじつは各産業部門が、その生産物を流通過程に滞留せしめる期間を短縮して、資本をできうるかぎり生産過程における資本として生産的に機能せしめることを意味するのである。

銀行制度の発達によって、資本の運動過程中に生ずる遊休貨幣資本やその他固定資本の償却資金、あるいは資本に転化される剰余価値による蓄積資金――それはある程度の額に達しなければ現実には資本に転化されないということもあるであろうが、また市況によっては一時かかる転化を延ばすということもあるであろう。いずれにしろそういう資金――ができうるかぎり預金として吸収され、それに対応して資金を必要とする産業部面にこれが貸付によって放出されるということになると、さきに述べた各産業資本の間の商業信用は、銀行信用をとおして資本家社会的に広く利用されるものに転化してくる。一九世紀前半のイギリスで確立された近代的な銀行制度は、もはや旧来の金貸資本の貸付ではなく、こういう産業自身の再生産過程を基礎として生ずる資金を社会的に利用するものとして、資本主義的体制のうちに貸付資本を形成してきたのであった。銀行は、一方で預金に利子を支払うにしても、貸付によって利子を得るのであって、その経営に必要な資本に対していわゆる利鞘によって一定の利潤を得ることになるのである。それはもはや金貸資本のように単に貸付に対する利子を目

的とするものではない。産業資本と同様の利潤をうるものとして銀行資本をなすわけである。〉（同書、一三一〜一三三頁）

ここで展開されているのは宇野自身の利子論だ。『資本論』で展開されている利子論は、資本所有者が企業の経営を誰か別の者、マルクスの言葉でいうところの機能資本家に依頼して行うことによって、利子を得るという論理構成になっている。例えば、年率、二〇パーセントの利潤を得られる資本所有者（貨幣資本家）が、自ら仕事をするのは面倒なので、誰か別の人（機能資本家）に資本を貸し付けることによって、一〇パーセントの利子を獲得するということだ。

しかし、資本主義社会で想定されている資本家の行動は、利潤の極大化という原理によって行われる。年率二〇パーセントの利潤が想定される状況で、それを一〇パーセントで諦《あきら》めるというのは、経済外的動機で、これを経済学の論理にもち込むことはカテゴリー違いであると宇野は考える。

そこで、宇野は、「商品生産物をただちに貨幣をもって支払われないで融通するという いわゆる商業信用」によって生じた資本を用いる、一種の資本の節約に利子の根拠を求める。利子は、利潤の一部に過ぎない。それにもかかわらず、銀行にカネを預ければ利子がつくことから、林檎《りんご》の木をもっていれば、林檎の実がなるというような、錯認が生じる。これが資本物神である。

資本主義の階級関係は隠ぺいされている

資本はあらゆる局面で、節約を行い、それを投資に振り向け、自己増殖を拡大しようとする。その一例が、伝統的な商人資本が商業資本に転化することである。

〈こういう銀行制度の発達は、さらに進んで従来の資本主義体制からいえば、金貸資本と同様にその外部にあって資本の生産物の売買を媒介してきた商人資本をも、産業資本に対応した商業資本に転化せしめることになる。商品の売買の媒介に投ぜられる資本も、銀行に集中された社会的資金をできうるかぎり利用しつつ、流通過程における商品の滞留期間の短縮と流通費用の節約とにあたるものとして、産業資本の利潤を分与せられる。いわば産業資本の流通費用の節約をなすかぎりにおいて一般的利潤率による平均利潤をうるものとなる。もっとも一九世紀中葉のイギリスで商業に投ぜられる資本がどの程度こういう純粋の商業資本となっていたかは問題であろう。ことに外国貿易においては、当然になお商人資本的性格を有するものと考えなければならない。

商業資本の利潤は、かくして資本家的商品経済自身に特有な費用を節約するということから得られるもので、いわば資本家の活動によって生ずる利潤としてあらわれ、顚倒せる資本家的利潤観を完成するものといってよい。この点は多かれ少なかれ商業活動の残る産業資本にも、生産過程における生産手段の節約等とともにその利潤の根拠を資本家的活動に求めしめることになり、いわゆる企業利潤の形態を与える。かくして資本は、自己資本のばあいにも、信用によって社会的資金を利用するばあいと同様に、資本はそれ自身として利子を生むものとされ、資本家は自己の活動によって企業利潤をうるものとされる。産業資本の利潤は、これによって利子と企業利潤とに分割されるのである。〉(同書、一三三〜一三四頁)

商業資本自体は、新たな資本を生産するわけではない。流通や保管にかかる費用は、利潤に食い込むマイナスである。このマイナスをミニマム化することで、ここから企業努力による利潤という観念が生まれてくる。

地代、利子という観念が社会に浸透することにより、資本が利子を生み出し、土地が地代を生み出し、労働が賃金を生み出すという観念が生じる。マルクスが『資本論』第三巻の最終部分で述べたいわゆる三位一体の定式である。これによって、資本主義の階級関係は完全に隠《いん》ぺいされてしまう。

『資本論』の結論は、労働力商品を資本家と労働者が自由で平等な立場によって交換するという関係のなかに、階級支配が埋め込まれているが、それは経済学に対する批判的な目をもたないかぎりわからない、ということなのである。

経済学批判、あるいはマルクス経済学の知識によって、表面上、資本—利子、土地—地代、労働—賃金という対応関係にあるように見える資本主義経済システムの姿は錯認で、利子、地代はいずれも労働者を搾取することによってもたらされることが明らかになるのである。

おわりに――資本主義の矛盾と戦うための信仰

私の思想的遍歴、思考の鋳型

なぜ私は宇野弘蔵《うのこうぞう》の経済学、より正確には経済哲学に拘《こだわ》るのだろうか。それは、宇野において、社会の構造を認識することと、社会に働きかけることが、きれいに分離されているからだ。それは、私の思想的遍歴と深く関係している。

私は、マルクス主義の科学的無神論を学ぼうと考えて、一九七九年四月に同志社大学神学部に入学した。当時、キリスト教の洗礼を受けておらず、牧師や神父の推薦状を持たずに受験できた神学部は同志社だけだった。神学部に入って水が合わなければ、すぐに退学して、首都圏の大学の経済学部か文学部に入り直してマルクス主義を勉強しようと思っていた。

予想に反して、神学部は、私の知的刺激を満たすのに最良の環境だった。神学の勉強を半年ほどしたところで、マルクスが批判している神は、まさに人間が作り出した偶像で、カール・バルトやディートリヒ・ボンヘッファーなどの優れたプロテスタント神学者は、マルクス主義者よりもずっとラジカル（根源的）な宗教批判を展開していることを知った。一九七九年一二月二三日のクリスマス礼拝のとき、京都の日本キリスト教会吉田教会で一九歳の私は、今村正夫牧師からキリスト教の洗礼を受けた。その後、私のキリスト教信仰がゆらいだことは、文字通り、一度もない。

バルトやボンヘッファーとともに、私がマルクス主義を抜け出すための理論武装をしてくれたのが宇野弘蔵だ。『経済原論』『経済政策論』『経済学方法論』などの宇野の単著や、本書で取り上げた『経済学』や『資本論研究』など宇野と弟子たちによる著作から、私は強い影響を受けた。宇野経済学は、現在も私の思考の鋳型になっている。

外交官になり、インテリジェンス（特殊情報）業務に従事するようになった後も、宇野経済学は私にとって重要な知的武器だった。ソ連崩壊後、ロシアで展開された市場経済化は、『資本論』に描かれた資本の原始的集積過程があたかも再現されたような状態だった。

当時のロシアを、宇野原理論で想定されたところの純粋な資本主義という視座から見ると、情勢を的確に分析、評価することができた。エリツィン政権初期のブレインでソ連崩壊のシナリオを描いたゲンナジー・ブルブリス（元国務長官）に宇野経済学について説明したら、メモにすることを求められた。その後、ブルブリスは新自由主義に批判的になるが、そこには私のロシア語メモの影響も少しはあったと思っている。

私は、学生時代だけでなく、外交官時代も、職業作家になった今も、宇野の体系知としての経済学というアプローチは正しいと考えている。

それと同時に、宇野経済学方法論から逆説的に導き出されることであるが、社会への働きかけが外挿的に決定されること、これが私にとって宇野経済学の限りなき魅力なのである。もっとも、これはマイナスにも作用する。宇野学派の多くの学者が、国家社会主義的な革命観を外挿的に宇野経済学と結合してしまうので、宇野学派の提示する社会主義像が、スターリン主義とそう大きく変わらなくなってしまうことだ。

恐らく、宇野弘蔵自身は、アナーキズムに限りなく近い共産主義社会を理想にしていたのだと思う。しかし、そのことについて語ることはほとんどなかった。

資本主義の危機をイノベーションによって乗り越えることはできない

私の場合、宇野経済学とキリスト教を結びつけている。それは外挿的なので、宇野経済学方法論からキリスト教的社会観を結びつける回路はない。同時に、宇野経済学方法論と矛盾しない形で、キリスト教信仰を結合することもできる。
キリスト教信仰は、終わりの時を常に念頭に置いている。信仰は戦いなので、終わりの時について詳述している新約聖書「ヨハネの黙示録」においては、様々な異教や異端との戦いが描かれている。私が尊敬するチェコの神学者ヨゼフ・ルクル・フロマートカは、こう述べている。

〈旧約の冒頭には、世界創造に関する福音がある。「はじめに神は天と地とを創造された。」聖書の最後の書であるヨハネの黙示録には、キリスト教会の敵や信徒団の中のさまざまなセクトとの最後の戦い（ヨハネの黙示録2章6、9、15、20節）、さらにまた、この世が終わる前に小羊と教会をつぶすためにあらゆる力と手先を動員する獣との最後の戦い（ヨハネの黙示録13章）に関する証言がある。しかしまたそこには、小羊の勝利について、新しい天と新しい地について、全てが一新されることについても書かれている（ヨハネの黙示録21章1—5節）。ヨハネの黙示録の告知は、その神話的な描写やシンボルによって、イエス・キリストが最初と最後におり、アルファでありオメガであり、死と陰府の鍵を握り、始まりと終わりであるという事実を表している（ヨハネの黙示録1章11、18節、21章6節）。〉（フロマートカ『人間への途上にある福音　キリスト教信仰論』新教出版社、二〇一四年、三三一～三三二頁）

ここで重要なのは、戦いの起点と終点にイエス・キリストがいることだ。「ヨハネの黙示録」には、こう記されている。

〈わたしはまた、新しい天と新しい地を見た。最初の天と最初の地は去って行き、もはや海もなくなった。更にわたしは、聖なる都、新しいエルサレムが、夫のために着飾った花嫁のように用意を整えて、神のもとを離れ、天から下って来るのを見た。そのとき、わたしは玉座から語りかける大きな声を聞いた。「見よ、神の幕屋が人の間にあって、神が人と共に住み、人は神の民となる。神は自ら人と共にいて、その神となり、彼らの目の涙をことごとくぬぐい取ってくださる。もはや死はなく、もはや悲しみも嘆きも労苦もない。最初のものは過ぎ去ったからである。」

すると、玉座に座っておられる方が、「見よ、わたしは万物を新しくする」と言い、また、「書き記せ。これらの言葉は信頼でき、また真実である」と言われた。また、わたしに言われた。「事は成就した。わたしはアルファであり、オメガである。初めであり、終わりである。渇いている者には、命の水の泉から価なしに飲ませよう。勝利を得る者は、これらのものを受け継ぐ。わたしはその者の神になり、その者はわたしの子となる。しかし、おくびょうな者、不信仰な者、忌まわしい者、人を殺す者、みだらな行いをする者、魔術を使う者、偶像を拝む者、すべてうそを言う者、このような者たちに対する報いは、火と硫黄の燃える池である。それが、第二の死である。」〉(「ヨハネの黙示録」二一章一〜八節)

イエス・キリストの出現により、救済は、既に完成している。しかし、それが現実となるためには、時の経過が必要とされる。それだから、キリスト教徒の信仰は、「急ぎつつ、待つ」という形態を取ることになる。

資本主義の危機をイノベーションによって乗り越えることはできない。福祉国家を実現しても、労働力の商品化は止揚されない。資本主義的な構造が、外部からのきっかけによって、全面的に改変されなくてはならない。この外部のことを、キリスト教は、イエス・キリストという名で示すのである。

時の到来を逃さないように「急ぎつつ、待つ」

フロマートカは、危機と直面した人間の課題についてこう述べる。

〈ヨハネの黙示録の筆者は、イエス・キリストとその教会が、戦いと危険のまっただ中に立っていることを知っている。その現状をはっきりした色で、そして楽観的な気持ちで、描いたりは決してしていない。そうではなく、信徒でない者には理解しがたい焦燥感を持って、十字架に架けられた者のほんとうの最終的な勝利について宣べ伝えている。教会に対し、教会のあらゆる祈祷、讃美歌、礼拝の務め、あらゆる奉仕は、始まりと現在と終わりに存在する方を仰ぎながら行うべきだということを思い出させる。さらに主の晩餐においてパンを割きぶどう酒を与えられることも、勝利のキリストとの喜ばしい宴の性質を持っているはずである。歴史の終わりがいつ到来しようと（予測していないときであろうと、まったく準備していなかったときであろうと、あるいは見通せないほど遠い未来であろうと）、巡礼者の共同体である教会の信仰と生活は、希望に照らされており、「アァメン、主イエスよ、来てください」（ヨハネの黙示録22章20節）という願いに常に伴われている。これらの希望に満ちた待望を表現するイメージやシンボルは大切ではない。大切なのは、前を向いた、しっかりした信仰の眼差しである。〉（前掲書、三三二頁）

資本主義の矛盾と戦うためには、前を向いた、しっかりした信仰が必要とされるのだ。その信仰は、終末の時にわれわれが解放されるという考え方、すなわち終末論によって基礎づけられている。「ヨハネの黙示録」を含め、新約聖書に収録された文書を書いた人々は、終末が近未来に起きると考えていた。しかし、終末は、当時の人々が考えていたよりも遅れている。イエスの死後、二〇〇〇年近くを経た今日においても、未だ終末は到来していない。しかし、いつか終末の時が来るとキリスト教徒は信じている。

〈信徒たちは、主の言葉によって創造された宇宙の中の、この地上を歩む。ナザレのイエスが歩いた地上を歩く。そしてイエスも受けた肉体の中で戦う。兄弟姉妹の共同体の中で、主のかたわらで、恐れず希望に満ちた確信をもって戦うために、イエスと共に死と墓場をくぐりぬけてゆく。信徒たちは自らの教会と共に祈るために集まるが、何よりもまず、ナザレのイエスが指示する場で奉仕するために集まる。つまり、もろさと弱さのただ中で、罪人や捨てられた者たちのただ中で。信徒たちは、この道の目的であり人類史の終わりに立つ方、「アァメン、主イエスよ、来てください」という炎のような祈りが向けられた方を見つめながら、この務めに励むのである。〉（同書、三三二〜三三三頁）

終末論的に考えるならば、資本主義は、近い将来に克服される。それが、いつ、どのような形でなのかは、わからない。「アァメン、主イエスよ、来てください」と祈りつつ、時の到来を逃さないように「急ぎつつ、待つ」しかないと私は考えている。

本書を上梓《じょうし》するにあたっては、株式会社KADOKAWAの岸山征寛氏にたいへんにお世話になりました。どうもありがとうございます。

二〇一六年七月二〇日　曙橋（東京都新宿区）の自宅にて

佐藤　優

本書は、角川学芸出版WEBマガジン『WEB国家』で二〇〇七年九月号から二〇〇八年七月号まで連載されていた「物語としての経済学　宇野弘蔵『経済学』（角川全書）を読み解く」を、再編集の上、書下ろしを加えたものです。

佐藤　優（さとう・まさる）
作家・元外務省主任分析官。1960年、東京都生まれ。85年同志社大学大学院神学研究科修了後、外務省入省。在ロシア連邦日本国大使館勤務等を経て、本省国際情報局分析第一課主任分析官として、対ロシア外交の最前線で活躍。2002年、背任と偽計業務妨害罪容疑で東京地検特捜部に逮捕され、以後東京拘置所に512日間勾留される。09年、最高裁で上告棄却、有罪が確定し、外務省を失職。05年に発表した『国家の罠』（新潮文庫）で第59回毎日出版文化賞特別賞を受賞。翌06年には『自壊する帝国』（新潮文庫）で第5回新潮ドキュメント賞、07年第38回大宅壮一ノンフィクション賞を受賞。『獄中記』（岩波現代文庫）、『宗教改革の物語』『哲学入門』（角川ソフィア文庫）、『帝国の時代をどう生きるか』『国家の攻防／興亡』『「資本論」の核心』『日露外交』『勉強法』『思考法』『イスラエルとユダヤ人』『宗教改革者』『地政学入門』（角川新書）、『宗教の現在地』（池上彰氏との共著、角川新書）など著書多数。

『資本論《しほんろん》』の核心《かくしん》
純粋《じゅんすい》な資本主義《しほんしゅぎ》を考《かんが》える

佐藤《さとう》　優《まさる》

2016年 9月 10日　初版発行
2025年 5月 30日　4版発行

◆◇◇

発行者　山下直久
発　行　株式会社KADOKAWA
〒102-8177　東京都千代田区富士見2-13-3
電話　0570-002-301（ナビダイヤル）

装 丁 者　緒方修一（ラーフイン・ワークショップ）
ロゴデザイン　good design company
オビデザイン　Zapp!　白金正之
印 刷 所　株式会社KADOKAWA
製 本 所　株式会社KADOKAWA

角川新書

ISBN978-4-04-082090-3 C0233

KADOKAWAの新書 好評既刊

武器輸出と日本企業
望月衣塑子

武器輸出三原則が撤廃となった。防衛省は資金援助や法改正の検討など前のめりだが、一方で防衛企業の足並みはそろわない。なぜか？　三菱重工や川崎重工など大手に加え、傘下の企業、研究者に徹底取材。解禁後の混乱が明かされる。

子どもが伸びる「声かけ」の正体
沼田晶弘

教壇に立っているより、生徒の中に座り、授業を進める。国立大学附属小学校で、授業から掃除、給食まで、これまでには考えられない取り組みでテレビでも脚光を浴びている教師の指導法。根底には計算されたプロの「声かけ」があった。

幕末三百藩 古写真で見る最後の姫君たち
『歴史読本』編集部 編

死を覚悟で籠城戦を指揮した会津の姫君、決死の逃避行で藩主を守った老中の娘、北海道開拓に挑んだ仙台藩のお姫様、最後の将軍慶喜の娘たちなど、激動の時代を生き抜いた姫君たちの物語を、古写真とともに明らかにする。

大統領の演説
パトリック・ハーラン

人の心を動かすレトリックは大統領に学べ！　ケネディ、オバマ、ブッシュなど時に夢を語り、時に危機を煽って世界を動かしてきた大統領たちの話術を解説！　トランプ、ヒラリーら大統領候補者についても言及！

政府はもう嘘をつけない
堤　未果

パナマ文書のチラ見せで強欲マネーゲームは最終章へ。「大統領選」「憲法改正」「監視社会」「保育に介護に若者世代」。全てがビジネスにされる今、嘘を見破り未来を取り戻す秘策を気鋭の国際ジャーナリストが明かす。